REZEPTE! REZEPTE!! REZEPTE!!!

Beatrice Aepli

Tapas

FALKEN

Inhalt

Tipps zu den Rezepten

Die Portionsangaben
Sofern nicht anders angegeben, sind alle Rezepte für 4 Personen berechnet.

Die Zubereitungszeiten
Sie beinhalten sowohl die Vorbereitungszeit als auch die Garzeit. Eventuelle Sonderzeiten, z. B. für das Gehen, Quellen oder Ruhen, sind gesondert aufgeführt.

Die Kalorienangaben
Sie beziehen sich in der Regel auf 1 Portion bzw. 1 Stück.

Die Zutatenmengen
Sie beziehen sich auf die ungeputzte Rohware. Sind Stückzahlen angegeben, wird von einem Stück mittlerer Größe ausgegangen.

Die Abkürzungen

EL	= Esslöffel (gestrichen)	getr.	= getrocknet
		TK-…	= Tiefkühl-…
TL	= Teelöffel (gestrichen)	kcal	= Kilokalorien
		ø	= Durchmesser
Msp.	= Messerspitze	Min.	= Minute(n)
geh.	= gehäuft	Std.	= Stunde(n)
gem.	= gemahlen		

Die vielfältige Welt der Tapas

Zum Tagesablauf im spanischen Leben gehören die Stunden in der Tapa-Bar. Hier treffen sich Männer, Frauen, Freunde, Bekannte, Kollegen. Und immer wieder kommen auch Fremde, die entweder schon „tapa-verrückt" sind oder es ganz sicher werden. Wenn sie danach ins Hotel zurückkommen, sind sie keine Fremden mehr, ja vielleicht haben sie sogar Freunde fürs Leben gefunden.
Was aber sind diese Tapas? „Tapa" heißt „Deckel" und besteht in der Urform aus einer Scheibe Brot, einer Scheibe Schinken oder einer Scheibe Wurst, die als Schutz vor Fliegen und Mücken auf ein Glas Sherry gelegt wurde. Aber auch das feine Sherry-Aroma sollte so im Glas bleiben. Heute sind Tapas kleine kulinarische Köstlichkeiten, die mit einem Zahnstocher, mit den Fingern oder einer speziellen kleinen Gabel bzw. von Spießchen gegessen werden. Serviert werden sie in den typischen kleinen braunen Tapa-Schalen aus Ton.

„Tapa-Zeit"

Welche Tageszeit ist „Tapa-Zeit"? Nun – Tapa-Zeit ist jederzeit. Was wechseln kann, sind die Getränke und die Reichhaltigkeit des Angebots. Zeit für

die erste Tapa-Runde ist etwa um 11 Uhr. Sie könnte aus Brot, Olivenöl, Tomaten und Schinken bestehen, ein Glas Wein oder Sherry gehört dazu. Um die Mittagszeit (etwa 13 Uhr) wird dann der Abend „vorbereitet". Und immer gilt: Kleine Gabeln, die Finger oder Zahnstocher sind das Besteck. Etwa ab 20 Uhr folgt der eigentliche Tapa-Reigen in Fortsetzung des Mittags. Das Angebot reicht dann von einem Ende der Theke bis zum anderen. Es gibt auf der Iberischen Halbinsel Hunderte verschiedene Tapas und Tausende von Tapas-Bars. Sie sind eine gute Grundlage für viele vergnügte Stunden im Kreise von Gleichgesinnten.
Tapas beginnen mit Sherry oder sind der Grund, Sherry zu trinken. Manchmal wird er auch durch Wein oder Cava, den spanischen Schaumwein, ersetzt.
Tapa-Rezepte sind meistens unkompliziert, was unserer hektischen Zeit sehr gelegen kommt. Sie sind stark regional geprägt. Die Zutaten müssen frisch sein, und sie werden

frisch zubereitet. Wichtige traditionelle Zutaten für die Tapas sind Brot, Fleisch, Käse, Kartoffeln, Gemüse, Fisch, Essig, Oliven und Olivenöl sowie mediterrane Gewürze.
Um Ihnen Appetit auf Tapas zu machen, beschreiben wir im Folgenden die wichtigsten Zutaten. Denn die Vorfreude gehört zu den schönsten Freuden.

Sherry

Sherry gilt als traditioneller Starter. Durch die Vielfalt der Sherry-Sorten gibt es für jeden Anlass den geeigneten Typ und – was bei uns weniger bekannt ist – er kann zu den unterschiedlichsten Gerichten serviert werden.
Zum Aperitif und zu den Tapas sind Fino und Manzanilla ideale Begleiter. Ihre Farbe ist Stroh- bis Goldgelb. Ihr Aroma ist pikant, sie sind leicht, mit feinem Mandelgeschmack und trocken. Der Amontillado ist pikant mit feinem Haselnussaroma und passt zu weißem Fleisch, gekochtem Fisch und gereiftem Käse. Der Oloroso ist trocken bei kräftigem Aroma und eignet sich besonders zu Wild, Schwein und Rind. Pale Cream ist ein sanfter Sherry mit blasser Farbe, aber pikantem Aroma und schmeckt gut zu

Leberpastete oder frischem Obst. Der Cream-Sherry ist süß und körperreich. Er eignet sich vor allem als Dessertwein. Der Pedro Ximénez endlich ist von dunkler Farbe und hat das intensive Aroma von Rosinen. Er ergänzt hervorragend den spanischen Blauschimmelkäse.

Olivenöl

Spanien deckt mit seiner Olivenölproduktion etwa 30 % des Weltbedarfs ab. Olivenöl ist reich an einfach ungesättigten Fettsäuren und hat viele gesundheitsfördernde Wirkstoffe. Die vielen Sorten (in Spanien werden etwa 50 verschiedene Olivensorten angebaut) machen es schwierig, sie alle zu kennen. Die Farbe des Öls reicht von einem klaren Goldgelb bis zu einem intensiven Smaragdgrün. Aus der Farbe können keine Schlüsse auf den Geschmack gezogen werden.
Mit dem Olivenöl wird in der spanischen Küche sehr differenziert umgegangen. Die feinen Sorten eignen sich für Salate aus Gemüse oder Meeresfrüchten. Die billigeren Öle werden dagegen zum Braten von Fleisch oder zum Grillen verwendet.

Essig

Zum Einlegen gehört natürlich immer ein guter Essig. Weißweine aus Penedés, La Mancha und Galizien sowie Rotweine aus der Region Rioja werden zu Essig verarbeitet. Von besonderer Qualität ist der Sherryessig. Er wird sehr sorgfältig behandelt und reift lange in Holzfässern.
Essig ist eine notwendige Zutat für viele spanische Speisen wie Salate, marinierte Fische und Marinaden. Aber auch in warmen und kalten Saucen etc. wird Essig genutzt.

Brot

Wie Wein und Oliven gehört auch Brot zum täglichen Leben. Es wird bevorzugt aus Weizen gebacken. Im Süden Spaniens werden außerdem die Körner zu Grieß gemahlen oder noch gröber zu „alcuzcuz" (Couscous).
Für Tapas sind die frischen weißen Brote wichtig. Geröstete Scheiben bilden die Grundlage für die einfachste Tapa: Ein Stück Brot wird mit Knoblauch bestrichen, mit feinem Olivenöl beträufelt und nach Belieben gesalzen. Ein einfacher, himmlischer Genuss.

Fleisch und Wurst

Die Spanier haben mit ihren landestypischen Produkten wahre Delikatessen geschaffen. Wurst- und Fleischwaren sind hervorragende Beispiele dafür. Die Würste wetteifern in den Auslagen mit den Schinken um die Gunst des Publikums. In den

einschlägigen Geschäften hängen zu Hunderten die berühmten Serrano-Schinken, die oft im Ganzen verkauft werden. Diese Leckerbissen werden in dünnen Scheiben auf Brot serviert. So kommt auch das feine Aroma voll zur Geltung.
Würste, vor allem die beliebten und in vielen Varianten angebotenen Chorizos, gehören ebenfalls auf den Tapa-Teller. Es gibt sie zum Rohessen, zum Braten und zum Kochen, man kann sie im Ofen backen oder grillen. Chorizos sind aus Schweinefleisch gemacht und werden in der traditionellen Form mit Salz, Knoblauch und Paprikapulver hergestellt. Bei uns findet man nur die zum Rohessen gedachten Chorizos, die sehr mild sind, während im Land scharfe Varianten ebenso beliebt sind. In spanischen Lebensmittelgeschäften findet man die rohen Würste zum Kochen. Wenn in unseren Rezepten die Würste gekocht werden sollen, kann als Ersatz eine kräftige Bratwurst genommen werden.

Käse

Die vielen Käsesorten werden in der Regel aus Schafs- oder Ziegenmilch gewonnen. Käse aus Kuhmilch gibt es nur in den Regionen mit saftigen Wiesen. Die vielen lokalen Sorten werden vom Manchego, der auch exportiert wird, dominiert.

Meeresfrüchte
Spanien, das fast ganz vom Meer umgeben ist, hat auch eine reiche Fisch- und Meeresfrüchteküche. Meeresfrüchte gehören in jede Tapa-Bar. Kleine Fische, Kraken, Tintenfische, Garnelen und Muscheln werden mariniert, gekocht, frittiert und mit den verschiedensten Saucen als Tapas angeboten.

Gewürze
Gewürze spielen in der spanischen Küche, die stark von der arabischen geprägt ist, eine große Rolle. Es werden auch gerne Gewürze verwendet, die für uns immer noch etwas exotisch schmecken, aber an Beliebtheit zunehmen.

Hefeteig

ZUTATEN

20 g Hefe
300 ml lauwarmes Wasser
500 g Mehl
1½ TL Salz
2 EL Olivenöl

1. Die Hefe mit 2 Esslöffel Wasser verrühren. In einer Schüssel das Mehl mit dem Salz mischen. Das restliche Wasser, die angerührte Hefe und das Öl dazugießen, alles 5–10 Minuten lang zu einem geschmeidigen Teig verkneten. Ist der Teig zu trocken, fügt man noch etwas Wasser bei, ist er zu feucht, mischt man ein wenig Mehl darunter.

2. Den Teig zugedeckt an einem warmen Ort auf das doppelte Volumen aufgehen lassen.

Strudelteig

ZUTATEN

175 g Mehl
2 Msp. Salz
2 EL Olivenöl
100 ml Weißwein
abgeriebene Schale von ½ Zitrone

1. Das Mehl in eine Schüssel geben. Salz, Olivenöl, Wein und Zitronenschale zufügen.

2. Alle Zutaten mit den Händen vermischen und zu einem glatten Teig verkneten. Den Teig in Klarsichtfolie wickeln und für ca. 2 Stunden in den Kühlschrank legen.

Ausbackteig

ZUTATEN

1 Eigelb
75 g Mehl
75 ml Bier
50 ml Wasser
1 Prise Salz
weißer Pfeffer
1 Eiweiß

1. Eigelb, Mehl, Bier und Wasser in eine Schüssel geben und gut verrühren. Den Teig mit Salz und Pfeffer würzen und etwa 30 Minuten ruhen lassen.

2. Kurz vor der Verwendung des Teigs das Eiweiß zu steifem Schnee schlagen und sorgfältig unter den Mehlteig ziehen.

SECO
TIO P
FINO MUY
RIOJA
ESPAÑA
MURRIETA
RIOJA
HA 1991
SAL

Gastlichkeit auf Spanisch

Die ganze kulinarische Vielfalt Spaniens ist auf der Tapa-Theke vereint – was gibt es Schöneres für eine fröhliche Runde unter Freunden?

Tintenfische im Teigmantel

Calamares a la romana

beliebt

- *Für 4 Personen*
- *Zubereitung: ca. 15 Min. (plus ca. 30 Min. Ruhezeit)*
- *ca. 260 kcal je Portion*

ZUTATEN

1 Eigelb
75 g Mehl
75 ml Bier
50 ml Wasser
1 Prise Salz
weißer Pfeffer
1 Eiweiß
1 l Olivenöl zum Frittieren
400 g Tintenfischringe

1. Einen Ausbackteig zubereiten (siehe Grundrezept S. 7).

2. Das Öl in einer Fritteuse oder in einem großen Topf erhitzen, bis von einem eingetauchten Holzstiel Blasen aufsteigen.

3. Die Tintenfischringe portionsweise im Ausbackteig wenden und im Öl ausbacken. Auf Küchenpapier abtropfen lassen und rasch servieren.

auf dem Teller: rechts

Gebratene Tintenfischringe

Calamares fritos

einfach

- *Für 4 Personen*
- *Zubereitung: ca. 10 Min.*
- *ca. 220 kcal je Portion*

ZUTATEN

5 Knoblauchzehen
1 rote Chilischote
4 EL Olivenöl
400 g Tintenfischringe
Saft von 1 Zitrone
Salz
weißer Pfeffer
3 EL gehackte glatte Petersilie

1. Den Knoblauch schälen und fein hacken. Die Chilischote waschen, längs halbieren und entkernen.

2. Das Olivenöl in einer Pfanne erhitzen, die Tintenfischringe mit dem Knoblauch und den Chilischotenhälften darin andünsten und bei mittlerer Hitze in 1 bis 2 Minuten fertig dünsten.

3. Den Zitronensaft darüber gießen. Das Ganze mit Salz, Pfeffer und Petersilie würzen und warm oder kalt servieren.

auf dem Teller: links

OLIVENÖL

Es ist wichtig, dass Sie wirklich gutes Olivenöl verwenden. Schlechtes Öl erkennen Sie an strengem Geruch und kratzigem Geschmack. Wird Olivenöl stark erhitzt, treten diese Nachteile noch mehr in den Vordergrund.

Brot mit Olivenöl und Tomaten

Pan con ajo y tomate

traditionell

- *Für 4 Personen*
- *Zubereitung: ca. 15 Min.*
- *ca. 450 kcal je Portion*

ZUTATEN

2 sehr reife, fleischige Tomaten
1 Stangenweißbrot
6 Knoblauchzehen
50 ml Olivenöl
Salz

1. Die Tomaten waschen, trockentupfen, halbieren und von den Stielansätzen befreien.

2. Das Brot in etwa 1,5 cm dicke Scheiben schneiden und toasten. Den Knoblauch schälen und längs halbieren.

3. Die Brotscheiben zuerst mit den Knoblauch-, dann mit den Tomatenhälften einreiben. Anschließend mit Olivenöl beträufeln, mit Salz bestreuen und noch lauwarm servieren.

auf dem Foto: unten

TIPP

- ***Sie können das Tomatenfleisch auch sehr fein hacken und auf die Brotscheiben verteilen.***

Gebratene Oliven

Aceitunas fritas

würzig

- *Für 4 Personen*
- *Zubereitung: ca. 15 Min.*
- *ca. 100 kcal je Portion*
- *Dazu passt Weißbrot*

ZUTATEN

5 Knoblauchzehen
6 EL Olivenöl
250 g schwarze und grüne Oliven
1 TL gehackter Oregano
1 TL Paprikapulver
1 TL Fenchelsamen
schwarzer Pfeffer
Salz
2 EL Sherryessig

1. Den Knoblauch schälen und in dünne Scheiben schneiden.

2. In einer Pfanne 3 Esslöffel Olivenöl erhitzen, Oliven und Knoblauch zufügen und unter ständigem Wenden etwa 3 Minuten bei mittlerer Hitze dünsten.

3. Alle Gewürze mit dem Essig und dem restlichen Öl dazugeben, alles gut durchmischen und warm servieren.

auf dem Foto: oben

Blutwursttoasts

Morcilla con pan

außergewöhnlich

- *Für 4 Personen*
- *Zubereitung: ca. 30 Min.*
- *ca. 740 kcal je Portion*

ZUTATEN

250 g Blutwurst oder roter Schwartenmagen
2 Zwiebeln
1 TL Kreuzkümmel
4 EL Olivenöl
Salz, schwarzer Pfeffer
100 g entsteinte schwarze Oliven
1 Stangenweißbrot

1. Die Wurst in etwa 1 cm dicke Scheiben von der Größe einer Brotscheibe schneiden. Die Zwiebeln schälen und fein hacken. Den Kreuzkümmel im Mörser zerstoßen.

2. Das Olivenöl in einer Pfanne erhitzen, die Zwiebeln darin kurz andünsten. Die Wurstscheiben portionsweise dazugeben und auf beiden Seiten braten. Die Wurst mit Kreuzkümmel, Salz und Pfeffer würzen, warm stellen.

3. Die Oliven hacken. Das Brot in etwa 1,5 cm dicke Scheiben schneiden und toasten.

4. Die Brotscheiben mit gehackten Oliven bestreuen und mit je einer Scheibe Wurst belegen. Das Ganze warm servieren.

auf dem Teller: oben

TIPP

- ***Sie können anstelle der Oliven auch die Oliven-Mandel-Vinaigrette (S. 20) verwenden.***

Datteln mit Speck

Dátiles con beicon

originell

- *Für 4 Personen*
- *Zubereitung: ca. 30 Min.*
- *ca. 690 kcal je Portion*

ZUTATEN

10 Scheiben Frühstücksspeck (ca. 150 g)
20 frische oder getrocknete Datteln
20 geschälte Mandeln
20 Zahnstocher
2 Knoblauchzehen
2 EL Olivenöl
schwarzer Pfeffer

1. Die Speckscheiben quer halbieren. Die Datteln entkernen. Die Mandeln in einer Pfanne ohne Fettzugabe rösten.

2. Die Mandeln in je eine Dattel setzen. Jede Dattel mit einer halben Speckscheibe umwickeln und mit einem Zahnstocher fixieren.

3. Den Knoblauch schälen und längs halbieren. Das Olivenöl in einer Pfanne mit dem Knoblauch kräftig erhitzen. Die Speckdatteln darin rundherum knusprig braten, auf Küchenpapier abtropfen lassen und mit Pfeffer würzen.

auf dem Teller: unten

QUINTANAR
OVIEDO

Champignons in Sherry

Champiñones al jerez

gelingt leicht

- *Für 4 Personen*
- *Zubereitung: ca. 20 Min.*
- *ca. 180 kcal je Portion*

ZUTATEN

500 g kleine Champignons
2 Schalotten
2 Knoblauchzehen
1 rote Chilischote
5 El Olivenöl
100 ml Sherry
Salz
schwarzer Pfeffer aus der Mühle
3 EL gehackte glatte Petersilie

1. Die Champignons putzen und trocken abreiben. Die Schalotten und den Knoblauch schälen und fein hacken. Die Chilischote waschen, längs halbieren und entkernen.

2. Das Olivenöl in einer Pfanne erhitzen, Schalotten, Knoblauch und Chilischote darin andünsten. Die Pilze dazugeben und unter Rühren 5 bis 6 Minuten braten. Mit dem Sherry ablöschen und mit Salz und Pfeffer würzen. Das Ganze mit Petersilie bestreuen und warm servieren.

auf dem Teller: rechts

Gebratener Käse

Queso frito

köstlich

- *Für 4 Personen*
- *Zubereitung: ca. 15 Min.*
- *ca. 310 kcal je Portion*

ZUTATEN

250 g Schafskäse (z. B. Manchego oder Pecorino)
ca. 3 EL Mehl
4 EL Olivenöl
Saft von 1 Zitrone

1. Den Käse in etwa 1 cm dicke Scheiben schneiden und im Mehl wenden.

2. Das Olivenöl in einer Pfanne stark erhitzen, die Käsescheiben darin portionsweise auf beiden Seiten knusprig braten. Auf Küchenpapier kurz abtropfen lassen, mit Zitronensaft beträufeln und sofort servieren.

auf dem Teller: links

SPANISCHER KÄSE

Käse wird aus der Milch von Ziegen, Schafen und Kühen – pur oder gemischt – gemacht. Der beliebte Manchego kommt aus den Provinzen La Mancha, Ciudad Real, Toledo, Cuenca und Albacete und wird aus der Milch von Manchega-Schafen hergestellt. Als Ersatz haben wir in unseren Rezepten italienischen Pecorino genannt.

Sardinen in Backteig

Boquerones fritos

delikat

- *Für 4 Personen*
- *Zubereitung: ca. 30 Min. (plus ca. 30 Min. Ruhezeit)*
- *ca. 230 kcal je Portion*

ZUTATEN

1 Eigelb
75 g Mehl
75 ml Bier
50 ml Wasser
1 Prise Salz
weißer Pfeffer
1 Eiweiß
500 g Sardinen
Salz
schwarzer Pfeffer
Olivenöl zum Frittieren

1. Einen Ausbackteig zubereiten (siehe Grundrezept S. 7).

2. Die Sardinen am Bauch entlang aufschlitzen und auseinander klappen, so dass sie oben am Rücken noch zusammenhängen, die Gräte jedoch freiliegt. Die Gräte samt dem Kopf entfernen. Die Fische gründlich unter fließendem Wasser abspülen und trockentupfen. Mit Salz und Pfeffer würzen. Das Öl in einer Fritteuse erhitzen.

3. Die Sardinen portionsweise im Ausbackteig wenden und im heißen Olivenöl ausbacken. Auf Küchenpapier abtropfen lassen und rasch servieren.

auf dem Foto: oben

TIPP

- ***Nach Belieben reichen Sie dazu eine Aioli (Knoblauch-Mayonnaise, siehe S. 77).***

Gedünstete Muscheln

Almejas a la marinera

einfach

- *Für 4 Personen*
- *Zubereitung: ca. 10 Min. (plus 1–2 Std. Zeit zum Wässern)*
- *ca. 100 kcal je Portion*

ZUTATEN

500 g Muscheln (alle kleinen Sorten sind geeignet)
2 Knoblauchzehen
1 Zwiebel
2 EL Olivenöl
50 ml Weißwein
1 EL gehackte Petersilie
schwarzer Pfeffer

1. Die Muscheln 1 bis 2 Stunden wässern, dabei das Wasser ab und zu wechseln. Geöffnete Muscheln, die sich nicht schließen, wegwerfen.

2. Den Knoblauch schälen und in feine Scheiben schneiden. Die Zwiebel schälen und fein hacken.

3. Das Olivenöl in einer Pfanne erhitzen, den Knoblauch und die Zwiebel darin glasig dünsten.

4. Die Muscheln und den Weißwein dazugeben und zugedeckt einige Minuten bei mittlerer Hitze dünsten, bis sich die Schalen öffnen.

5. Die Muscheln mit dem Sud in kleinen Schalen anrichten, mit Petersilie bestreuen, mit Pfeffer würzen und servieren.

auf dem Foto: unten

Cruzcampo

Toasts mit Oliven-Mandel-Vinaigrette

Pan con salsa de aceitunas y almendras

klassisch

- *Ergibt ca. ½ l*
- *Zubereitung: ca. 20 Min.*
- *ca. 770 kcal je Portion*

ZUTATEN

100 g geschälte Mandeln
150 g entsteinte grüne Oliven
2 Knoblauchzehen
100 ml Olivenöl
100 ml trockener Sherry
Salz
Paprikapulver
1 Stangenweißbrot

1. Die Mandeln grob hacken und in einer beschichteten Pfanne ohne Fettzugabe hellbraun rösten.

2. Die Mandeln mit den Oliven sehr fein hacken (am besten in einer Küchenmaschine). Den Knoblauch schälen, durchpressen und dazugeben.

3. Die Mandel-Oliven-Mischung mit dem Olivenöl und dem Sherry in eine Schüssel geben und zu einer dicken Vinaigrette verrühren. Die Sauce mit Salz und Paprikapulver würzen.

4. Das Brot in etwa 1,5 cm dicke Scheiben schneiden und toasten. Die Toastscheiben mit der Vinaigrette beträufeln und servieren.

TIPP

- ***In ein sauberes Glas gefüllt, mit etwas Olivenöl bedeckt und fest verschlossen, hält sich die Oliven-Mandel-Vinaigrette im Kühlschrank etwa 4 Wochen.***

MANDELN

Neben Oliven sind einheimische Mandeln eine ebenfalls beliebte „Basis-Tapa“.
Sie werden in unzähligen Rezepten verwendet.
Sie gehören in Saucen und Pasten wie in süßes und pikantes Gebäck und als Salzmandeln auf den Tisch.
Ungeschälte Mandeln sind frischer und intensiver im Geschmack. Zum Schälen geben Sie sie einige Minuten in kochendes Wasser und anschließend abgetropft in ein Tuch. Reiben Sie die Mandeln gegeneinander, bis die Häute entfernt sind.

La Margarita
500 ml.

Panierte Tomaten

Buñuelos de tomate

vegetarisch

- *Für 4 Personen*
- *Zubereitung: ca. 20 Min. (plus ca. 30 Min. Ruhezeit)*
- *ca. 370 kcal je Portion*

ZUTATEN

4 Fleischtomaten
Salz
4 Eier
2 EL fein gehacktes Basilikum
150 g Semmelbrösel
5 EL Olivenöl

1. Die Tomaten waschen, trockentupfen, vom Stielansatz befreien und in gut 1 cm dicke Scheiben schneiden. Die Tomatenscheiben auf einer Platte auslegen, mit Salz bestreuen und etwa 30 Minuten ziehen lassen. Die Eier mit dem Basilikum verquirlen.

2. Die Tomatenscheiben mit Küchenpapier trockentupfen und in den Semmelbröseln wenden.

3. Die panierten Tomatenscheiben durch die Eimischung ziehen und erneut in den Semmelbröseln wenden.
Die Panade andrücken.

4. Das Olivenöl in einer Pfanne erhitzen. Die panierten Tomatenscheiben darin auf beiden Seiten goldgelb backen, mit Salz bestreuen und warm servieren.

auf dem Teller: unten

Crostada

Crostada española

knusprig

- *Für 4 Personen*
- *Zubereitung: ca. 20 Min.*
- *ca. 610 kcal je Portion*

ZUTATEN

200 g junger Manchego
50 ml Weißwein
Salz, weißer Pfeffer aus der Mühle
3 Knoblauchzehen
1 EL frischer Oregano
1 Stangenweißbrot
3 EL Olivenöl
1 Ei
1 EL gehackte glatte Petersilie

1. Den Käse fein raspeln und mit dem Weißwein verrühren, mit Salz und Pfeffer würzen.

2. Den Knoblauch schälen und fein hacken. Den Oregano fein hacken, beides zur Käsemasse geben.

3. Backofen auf 250 °C vorheizen. Das Brot in etwa 1,5 cm dicke Scheiben schneiden. 2 Esslöffel Olivenöl in einer Pfanne erhitzen, die Brotscheiben darin auf beiden Seiten knusprig braten.

4. Ein Backblech mit dem restlichen Olivenöl ausfetten, die Brotscheiben darauf auslegen. Die Käsemasse auf dem Brot verteilen. Das Ei verquirlen und auf den Käse streichen.

5. Das Ganze auf der mittleren Schiene etwa 3 Minuten überbacken. Die Crostadas mit der Petersilie bestreuen und sofort servieren.

auf dem Teller: oben

Hühnerleber mit Tomaten

Higadillo con tomate

gelingt leicht

- *Für 4 Personen*
- *Zubereitung: ca. 20 Min.*
- *ca. 320 kcal je Portion*

ZUTATEN

2 Tomaten
400 g Hühnerleber
75 g entsteinte schwarze Oliven
1 Zwiebel
1 Knoblauchzehe
4 EL Olivenöl
Salz
schwarzer Pfeffer aus der Mühle

1. Die Tomaten etwa 15 Sekunden überbrühen, über Kreuz einritzen, abschrecken und enthäuten. Stielansätze ausschneiden, Tomaten entkernen und würfeln.

2. Die Lebern in etwa 2 cm große Würfel schneiden. Die Oliven halbieren. Die Zwiebel und den Knoblauch schälen und fein hacken.

3. Das Olivenöl in einer Pfanne erhitzen, die Zwiebel und den Knoblauch darin andünsten. Die Leberwürfel dazugeben und kräftig anbraten.

4. Die Tomatenwürfel und die Olivenhälften zufügen. Alles 2 bis 3 Minuten bei mittlerer Hitze dünsten, mit Salz und Pfeffer würzen und warm servieren.

auf dem Teller: rechts

Gefüllte Eier mit Kaviar

Huevos rellenos con huevos de erizo

dekorativ

- *Für 4 Personen*
- *Zubereitung: ca. 15 Min.*
- *ca. 250 kcal je Portion*

ZUTATEN

6 Eier
1 Glas Seeigelkaviar (75 g)
1/4 Zwiebel
50 ml Mayonnaise
1 TL Paprikapulver
1 EL gehackte Petersilie

1. Die Eier in 10 Minuten hart kochen. Abschrecken, abkühlen lassen, schälen und halbieren.

2. Die Eigelbe herausheben, mit einer Gabel zerdrücken und mit dem Kaviar vermengen. Die Zwiebel schälen, fein hacken und dazugeben.

3. Die Mayonnaise mit dem Paprikapulver verrühren. Die Eihälften mit der Kaviarmasse füllen, die Paprika-Mayonnaise darauf verteilen und mit wenig Petersilie bestreuen.

TIPPS

- *Sie können die Mayonnaise auch selbst herstellen (siehe Rezept „Russischer Salat mit Krevetten", S. 36).*
- *Anstelle von Kaviar können Sie auch zerpflückten Tunfisch aus der Dose verwenden.*
- *Den Seeigelkaviar können Sie durch Forellen- oder Lachskaviar ersetzen.*

auf dem Teller: links

Perlzwiebeln mit Sherryessig

Cebollas al jerez

süß-sauer

- *Für 4 Personen*
- *Zubereitung: ca. 20 Min.*
- *ca. 210 kcal je Portion*

ZUTATEN

500 g Perlzwiebeln
5 EL Olivenöl
100 ml Sherry
100 ml Sherryessig
½ Chilischote
1 TL Honig
1 Pr. getrockneter Thymian
1 Lorbeerblatt
2 Gewürznelken
1 Prise Zucker
Salz
weißer Pfeffer

1. Die Perlzwiebeln von den Wurzeln befreien, etwa 2 Minuten in kochendem Wasser blanchieren. Abgießen und kalt abspülen, schälen und trockentupfen.

2. Das Olivenöl in einer Pfanne erhitzen. Die Zwiebeln darin unter ständigem Rühren goldgelb braten, mit dem Sherry und dem Sherryessig ablöschen.

3. Die Chilischotenhälfte waschen, entkernen und dazugeben. Honig, Thymian, Lorbeerblatt und Nelken hinzufügen.

4. Mit Zucker, Salz und Pfeffer abschmecken, aufkochen lassen und etwa 8 Minuten zugedeckt bei milder Hitze köcheln lassen. Die Zwiebeln mit der Sauce in eine Schale geben und auskühlen lassen.

auf dem Foto: links oben

TIPP

- ***Sind keine Perlzwiebeln erhältlich, können Sie auch Schalotten verwenden (große Schalotten halbieren). Oder Sie nehmen Silberzwiebeln aus dem Glas, dann sollten Sie jedoch den Sherryessig weglassen.***

Frittierte Mandeln

Almendras fritas

knusprig

- *Für 4 Personen*
- *Zubereitung: ca. 10 Min.*
- *ca. 330 kcal je Portion*

ZUTATEN

Olivenöl zum Frittieren
200 g geschälte Mandeln
ca. 1 EL Salz

1. Das Olivenöl in einem großen flachen Topf erhitzen. Die Mandeln darin hell goldbraun frittieren. Die Mandeln aus dem Öl nehmen, sobald sie Farbe annehmen, sie dunkeln anschließend nach.

2. Die Mandeln auf Küchenpapier abtropfen lassen und mit Salz bestreuen.

auf dem Foto: unten

Vinagre de Jerez
GONZALEZ
JEREZ
JEREZ · XERES · SHERRY
FINO MUY SECO

Fischspieße mit Zitronen-Oliven-Sauce

Pinchos de pescado

zitronig

- *Für 4 Personen*
- *Zubereitung: ca. 30 Min. (plus 2–8 Std. Zeit zum Marinieren)*
- *ca. 450 kcal je Portion*

ZUTATEN

400 g fester Fisch (z. B. Tunfisch, Schwertfisch, Seeteufel)

Für die Marinade

1 Zwiebel
5 EL Olivenöl
5 EL Zitronensaft
Salz
gemahlene Fenchelsamen

Für die Sauce

50 g entsteinte schwarze Oliven
50 ml Olivenöl
50 ml Zitronensaft
2 EL gehackte glatte Petersilie
Salz
schwarzer Pfeffer

Außerdem

1 Zitrone
8 Holzspieße (ca. 10 cm lang)

1. Den Fisch in etwa 2 cm große Würfel schneiden.

2. Für die Marinade die Zwiebel schälen und sehr fein hacken, mit Olivenöl, Zitronensaft, Salz und gemahlenem Fenchelsamen verrühren. Über die Fischwürfel gießen und den Fisch mindestens 2 Stunden oder über Nacht zugedeckt im Kühlschrank marinieren.

3. Für die Sauce die Oliven fein hacken und mit Olivenöl, Zitronensaft, Petersilie sowie mit Salz und Pfeffer verrühren.

4. Die Zitrone waschen, abtrocknen und in Spalten schneiden. Die Fischwürfel aus der Marinade heben, die Marinade nicht weggießen. Den Fisch abtropfen lassen und abwechselnd mit den Zitronenspalten auf Spieße stecken.

5. Die Spieße auf dem Grill oder in der Pfanne ohne Fettzugabe rundherum etwa 4 Minuten braten, dabei ab und zu mit Marinade übergießen. Die Olivensauce separat dazu reichen.

FENCHELSAMEN

Vom Fenchel werden das Kraut und die Samen verwendet. Die Samen machen Brot, Salzgebäck, Würstchen, Fleischteige usw. besonders schmackhaft. Am meisten Aroma geben im Mörser frisch zerstoßene Samen. Bei vielen Gerichten empfiehlt sich auch vorheriges Rösten, da dadurch ihr Aroma intensiviert wird.

COLUMELA
OLIVENÖL

Schweinsrillettes

Chicharrones

preiswert

- *Für 8 Personen*
- *Zubereitung: ca. 20 Min. (plus ca. 4 Std. Zeit zum Schmoren)*
- *ca. 700 kcal je Portion*
- *Dazu passt Weißbrot*

ZUTATEN

500 g fetter Schweinerücken
500 g frischer Schweinebauch
1 Stange Lauch
2 Karotten
2 Lorbeerblätter
2 Gewürznelken
3 Knoblauchzehen
100 ml Wasser
50 ml Sherry
Salz
schwarzer Pfeffer
geriebene Muskatnuss

1. Backofen auf 160 °C vorheizen. Das Fleisch in etwa 2,5 cm große Würfel schneiden. Den Lauch putzen und waschen, den dunkelgrünen Teil entfernen; in etwa 1 cm breite Ringe schneiden.
Die Karotten schälen und in Scheiben schneiden.

2. Die Fleischwürfel mit dem Gemüse, den Lorbeerblättern und den Nelken in einen Schmortopf legen. Den Knoblauch schälen, durchpressen und dazugeben.
Das Wasser und den Sherry dazugießen.

3. Das Ganze mit Salz und Pfeffer würzen und zugedeckt auf der mittleren Schiene etwa 4 Stunden garen, bis das Fleisch zerfallen ist.

4. Die Lorbeerblätter entfernen. Alles mit dem Pürierstab eines Handrührgeräts nicht zu fein zerkleinern. Die Masse mit Salz, Pfeffer und Muskatnuss abschmecken und erkalten lassen.

TIPP

- ***Die Rillettes können Sie auch konservieren: Die Masse nach dem Pürieren nochmals aufkochen lassen, heiß in Gläser füllen und gut verschließen. Die Rillettes bleiben so etwa einen Monat haltbar.***

Marinierte Paprikaschoten

Marinierte Paprikaschoten

Pimientos al vinagre

vegetarisch

- *Für 4 Personen*
- *Zubereitung: ca. 45 Min. (plus ca. 30 Min. Ruhezeit)*
- *ca. 280 kcal je Portion*

ZUTATEN

4 rote Paprikaschoten
3 EL geschälte Mandeln
4 Knoblauchzehen
6 EL Olivenöl
4 EL Sherryessig
Salz
schwarzer Pfeffer

1. Backofen auf 220 °C vorheizen. Die Paprikaschoten waschen, trockentupfen und auf einem Rost verteilen. Auf der mittleren Schiene im Ofen etwa 20 Minuten rösten lassen, bis die Haut große braune Blasen bekommt.

2. Die Paprikaschoten aus dem Ofen nehmen, in eine Plastiktüte geben und gut verschließen. Etwa 30 Minuten liegen lassen.

3. In der Zwischenzeit die Mandeln halbieren und in einer Pfanne ohne Fettzugabe rösten.

4. Die Paprikaschoten schälen (die Haut lässt sich jetzt problemlos abziehen), halbieren, entkernen und in etwa 2 cm breite Streifen schneiden. Den Knoblauch schälen und in feine Scheibchen schneiden.

5. In einer Pfanne 2 Esslöffel Olivenöl erhitzen, Knoblauch darin andünsten. Sherryessig dazugießen. Sauce über den Paprikawürfeln verteilen. Das Ganze mit Salz und Pfeffer würzen, mit dem restlichen Olivenöl beträufeln und mit Mandeln bestreuen.

Gemüsetortilla

Tortilla de verdura

sommerlich

- *Für 4 Personen*
- *Zubereitung: ca. 45 Min.*
- *ca. 320 kcal je Portion*

ZUTATEN

6 fleischige Tomaten
1 rote Paprikaschote
1 grüne Paprikaschote
1 Zwiebel
1 Knoblauchzehe
100 g Serrano-Schinken, in dünnen Scheiben
4 EL Olivenöl
6 Eier
Salz, schwarzer Pfeffer
4 EL gehackte frische Kräuter (z.B. Basilikum)

1. Die Tomaten über Kreuz einritzen, etwa 15 Sekunden überbrühen, abschrecken und enthäuten. Tomaten von den Stielansätzen befreien, entkernen und würfeln.

2. Die Paprikaschoten waschen, halbieren, entkernen und in Streifen schneiden. Die Zwiebel und den Knoblauch schälen und fein hacken. Den Schinken in Streifen schneiden.

3. Das Olivenöl in einer Pfanne erhitzen. Zwiebel, Knoblauch und Schinkenstreifen kurz darin andünsten. Die Paprikaschoten dazugeben und etwa 5 Minuten mitdünsten. Die Tomaten zufügen, alles etwa 15 Minuten offen bei mittlerer Hitze schmoren lassen, bis fast alle Flüssigkeit verdunstet ist.

4. Die Eier verquirlen, mit Salz, Pfeffer und den Kräutern würzen und über das Gemüse gießen. Bei mäßiger Hitze stocken lassen. Das Omelett darf etwa 3 cm dick sein (evtl. in zwei Pfannen braten). Die Tortilla in kleine Stücke schneiden und servieren.

auf dem Teller: unten

Hähnchen mit Knoblauch

Pollo al ajillo

herzhaft

- *Für 4 Personen*
- *Zubereitung: ca. 30 Min. (plus ca. 2 Std. Zeit zum Marinieren)*
- *ca. 340 kcal je Portion*

ZUTATEN

5 Knoblauchzehen
1 TL Salz
5 EL Olivenöl
schwarzer Pfeffer
500 g Hähnchenteile
1 EL gehackte glatte Petersilie

1. Den Knoblauch schälen, grob hacken, mit Salz bestreuen und mit dem flachen Messer oder im Mörser zu einer Paste verarbeiten. In eine Schüssel geben, 2 Esslöffel Olivenöl und Pfeffer dazugeben, alles zu einer Marinade verrühren. Die Hähnchenteile damit bestreichen und etwa 2 Stunden zugedeckt im Kühlschrank marinieren.

2. Das restliche Olivenöl in einer Pfanne erhitzen. Die Hähnchenstücke darin kräftig anbraten und bei mittlerer Hitze in etwa 10 Minuten goldbraun braten. Fleisch auf Küchenpapier abtropfen lassen, mit Petersilie bestreuen und servieren.

auf dem Teller: oben

Empanada mit Tunfisch-Paprika-Füllung

Empanada de atún y pimiento

knusprig

- *Für 8 Personen*
- *Zubereitung: ca. 1 Std. (plus ca. 1 ½ Std. Ruhezeit)*
- *ca. 220 kcal je Portion*

ZUTATEN

Für die Füllung

1 rote Paprikaschote
1 Zwiebel
2 Knoblauchzehen
5 EL Olivenöl
2 EL gehackte Petersilie
Salz
schwarzer Pfeffer
1 TL Paprikapulver
150 g Fischfilet, z.B. Tunfisch

Für den Teig

10 g Hefe
100 ml lauwarme Flüssigkeit (Saft der Paprikaschoten und Wasser)
175 g Mehl
½ TL Salz
1 EL Olivenöl

Außerdem

Mehl für die Arbeitsfläche
1 EL Olivenöl

1. Die Paprikaschote enthäuten (siehe S. 31). Die Flüssigkeit, die sich im Plastikbeutel sammelt, auffangen und für den Teig verwenden.

2. Einen Hefeteig zubereiten (siehe Grundrezept S. 7).

3. Die Paprikaschote klein würfeln. Die Zwiebel und den Knoblauch schälen und fein hacken.

4. In einer Pfanne 3 Esslöffel Olivenöl erhitzen, Zwiebel, Knoblauch und Petersilie darin andünsten. Die Paprikawürfel dazugeben und untermischen. Mit Salz, Pfeffer und Paprikapulver würzen und erkalten lassen.

5. Das Fischfleisch würfeln und mit dem restlichen Olivenöl zur Paprikamischung geben.

6. Backofen auf 200 °C vorheizen. Den Teig halbieren und auf einer bemehlten Arbeitsfläche etwa 5 mm dünn und rund ausrollen, mit einer Gabel mehrmals einstechen. Die Füllung auf eine Hälfte des Teigs verteilen, dabei einen etwa 1 cm breiten Rand frei lassen. Den Teig über die Füllung schlagen, den Rand gut andrücken.

7. Ein Backblech mit Olivenöl fetten. Die Empanada darauf legen und auf der mittleren Schiene etwa 25 Minuten backen. In Stücke schneiden und warm servieren.

TIPP

- ***Am besten rösten Sie mehrere Paprikaschoten gleichzeitig im Ofen, um sie anschließend zu schälen. Sie können das übrige Gemüse für andere Gerichte verwenden, z.B. für marinierte Paprikaschoten oder Tunfisch mit Gemüse.***

Empanada mit Tunfisch-Paprika-Füllung

Kartoffelkroketten

Croquetas de patatas

vegetarisch

- *Für 4 Personen*
- *Zubereitung: ca. 50 Min.*
- *ca. 730 kcal je Portion*

ZUTATEN

500 g Kartoffeln
100 g Garrocha-Käse (ersatzweise Gorgonzola)
1 Ei
ca. 50 g Mehl
Salz, weißer Pfeffer
100 g geschälte Mandeln
150 ml Olivenöl

1. Die Kartoffeln waschen und in Salzwasser weich kochen. Schälen und abkühlen lassen.

2. Den Käse von der Rinde befreien und in Würfel schneiden. Die Kartoffeln würfeln und mit dem Käse und dem Ei in einem Mixer oder mit dem Pürierstab eines Handrührgeräts fein pürieren.

3. So viel Mehl untermischen, dass die Masse formbar wird. Mit Salz und Pfeffer würzen und zu Kroketten von etwa 8 cm Länge und 2,5 cm Dicke formen.

4. Die Mandeln in einer Pfanne ohne Fettzugabe rösten, hacken, die Kroketten darin wenden.

5. Das Olivenöl in einer Pfanne erhitzen und die Kroketten goldbraun braten. Warm oder kalt servieren.

Russischer Salat mit Krevetten

Ensaladilla rusa con gambas

cremig

- *Für 4 Personen*
- *Zubereitung: ca. 40 Min.*
- *ca. 580 kcal je Portion*

ZUTATEN

200 g Kartoffeln
150 g Karotten
150 g Sellerieknolle
100 g Erbsen
200 g gekochte Krevetten
1 Eigelb, 1 TL Senf
200 ml Öl (nicht kalt gepresst, die Mayonnaise wird sonst bitter)
1 EL Sherryessig
Salz, weißer Pfeffer

1. Kartoffeln, Karotten und Sellerie schälen, waschen und in kleine Würfelchen schneiden.

2. Das Gemüse mit den Erbsen knapp mit Salzwasser bedeckt aufkochen lassen und bei kleiner Hitze zugedeckt in 5–7 Minuten bissfest garen. Das Gemüse in ein Sieb geben, kalt abschrecken und gut abtropfen lassen. Die Krevetten mit dem Gemüse vermengen.

3. Für die Mayonnaise das Eigelb mit dem Senf in einer Schüssel gut verrühren. Unter stetem Rühren das Öl zunächst tropfenweise zugeben. Wird die Mayonnaise dick, kann das restliche Öl löffelweise beigefügt werden. Mit Essig, Salz und Pfeffer abschmecken und mit den Salatzutaten vermengen.

auf dem Teller: oben

Gebackene Sardinen

Boquerones fritos al vinagre

gelingt leicht

- *Für 4 Personen*
- *Zubereitung: ca. 40 Min. (plus 3–4 Std. Zeit zum Marinieren)*
- *ca. 400 kcal je Portion*

ZUTATEN

500 g frische Sardinen
Salz, schwarzer Pfeffer
ca. 3 EL Mehl
6 EL Olivenöl
2 Knoblauchzehen
2 Lorbeerblätter
3 EL Sherryessig
50 ml Sherry
3 EL gehackte Petersilie

1. Die Sardinen entgräten, wie auf S. 18 beschrieben. Mit Salz und Pfeffer würzen und im Mehl wenden. Überschüssiges Mehl abschütteln.

2. In einer Pfanne 3 Esslöffel Olivenöl erhitzen, die Fische darin portionsweise braun und knusprig braten. Auf einer Platte auslegen.

3. Den Knoblauch schälen und in Scheibchen schneiden. Das restliche Olivenöl mit den Lorbeerblättern in der Pfanne erhitzen, den Knoblauch darin kurz braten.

4. Essig, Sherry, Petersilie, Salz und Pfeffer in die Pfanne geben und alles gut verrühren. Die Marinade heiß über die Sardinen gießen und die Fische 3 bis 4 Stunden durchziehen lassen.

auf dem Teller: unten

ASEPTICOS
15% Vol

Oktopus mit Paprika

Pulpo con pimiento

würzig

- *Für 4 Personen*
- *Zubereitung: ca. 1 ½ Std.*
- *ca. 170 kcal je Portion*

ZUTATEN

500 g Oktopus
1 EL Paprikapulver
1 TL Salz
3 EL Olivenöl

1. Den Oktopus mit Hilfe einer Schaumkelle dreimal je 5 bis 10 Sekunden lang in kochendes Wasser tauchen und dann in reichlich Wasser auf kleinem Feuer etwa 45 Minuten zugedeckt köcheln lassen. Den Topf vom Herd nehmen, den Oktopus noch 30 Minuten ziehen lassen.

3. Oktopus in 2 cm große Stücke schneiden und auf einer Platte auslegen. Mit Paprikapulver und Salz würzen, mit dem Olivenöl beträufeln und noch warm servieren.

auf dem Teller: links

OKTOPUS

Ein Oktopus, auch Krake oder spanisch „pulpo" genannt, kann bis zu 5 m lange Arme haben. Für den Speisezettel bescheiden wir uns auf Arten mit einer Armlänge von etwa 70 cm. Bei uns werden Kraken küchenfertig, d. h. ausgenommen, tiefgefroren angeboten.
Um keine Gummireifen zu bekommen, müssen Sie unbedingt die Anweisung im Rezept befolgen.

Bohnen-Tunfisch-Salat

Ensalada de judias blancas y atún

nahrhaft

- *Für 4 Personen*
- *Zubereitung: ca. 1 ¼ Std. (plus 8–10 Std. Zeit zum Einweichen)*
- *ca. 390 kcal je Portion*

ZUTATEN

200 g weiße Bohnen
1 Zwiebel
1 Dose Tunfisch
2 EL Sherryessig
2 EL Zitronensaft
Salz
weißer Pfeffer
6 EL Olivenöl

1. Die Bohnen über Nacht in reichlich Wasser einweichen.

2. Am nächsten Tag die Bohnen in reichlich Wasser in etwa 1 ¼ Stunden sehr weich kochen. In einem Sieb gut abtropfen lassen.

3. Die Zwiebel schälen und fein hacken. Den Tunfisch abtropfen lassen und mit einer Gabel zerpflücken.

4. Bohnen, Zwiebeln und Tunfisch in eine Schüssel geben. Essig und Zitronensaft mit Salz und Pfeffer verrühren, dann das Olivenöl unterrühren. Über die Salatzutaten geben und vorsichtig vermengen.

auf dem Teller: rechts

ATÚN CLARO
EN ACEITE DE OLIVA

Hühnerrollen

Rollitos de pollo

dekorativ

- *Für 4 Personen*
- *Zubereitung: ca. 45 Min. (plus ca. 2 Std. Ruhezeit)*
- *ca. 580 kcal je Portion*

ZUTATEN

Für den Strudelteig
175 g Mehl
2 Msp. Salz
2 EL Olivenöl
100 ml Weißwein
abgeriebene Schale von 1/2 Zitrone

Für die Füllung
200 g Hähnchenbrust
2 Knoblauchzehen
2 EL Sherry
Saft und abgeriebene Schale von 1/2 Zitrone
Salz
weißer Pfeffer
1 Zucchini
1 Eiweiß
Olivenöl zum Frittieren

Außerdem
Mehl für die Arbeitsfläche

1. Einen Strudelteig zubereiten (siehe Grundrezept S. 7).

2. Für die Füllung das Fleisch in sehr kleine Würfelchen schneiden und in eine Schüssel geben. Den Knoblauch schälen und durchpressen. Mit Sherry, Zitronensaft, Salz, Pfeffer und Zitronenschale verrühren. Die Marinade über die Fleischwürfelchen träufeln.

3. Die Zucchini waschen, vom Stielansatz befreien, sehr klein würfeln und zum Fleisch geben.

4. Den Strudelteig auf einer bemehlten Arbeitsfläche so dünn wie möglich ausrollen und in etwa 10 cm große Quadrate schneiden. Das Öl in einer Fritteuse erhitzen.

5. Das Eiweiß leicht verquirlen und die Teigstücke damit bepinseln. Etwas Füllung wurstartig auf jedes Teigrechteck geben, die Teigränder über die Füllung schlagen und aufrollen.

6. Die Hühnerrollen im heißen Olivenöl goldgelb frittieren.

TIPP

- ***Wenn Sie Zeit sparen möchten, verwenden Sie fertigen Strudelteig, Fillo-Blätter oder Reisblätter für Frühlingsrollen. Diese können Sie in griechischen/türkischen bzw. asiatischen Läden kaufen.***

Gemüseragout

Ragú de verduras

vegetarisch

- *Für 8 Personen*
- *Zubereitung: ca. 1 ½ Std.*
- *ca. 160 kcal je Portion*

ZUTATEN

500 g Auberginen
Salz
2 rote Paprikaschoten
500 g Zucchini
2 große Zwiebeln
4 Knoblauchzehen
100 ml Olivenöl
2 TL gem. Kreuzkümmel
1 TL Paprikapulver
1 Msp. Cayennepfeffer
4 Tomaten
Saft von 1 Zitrone
4 EL gehackter Koriander

1. Die Auberginen waschen, von den Stielansätzen befreien und klein würfeln. In ein Sieb geben, mit Salz bestreuen und 30 Minuten Wasser ziehen lassen.

2. Die Paprikaschoten waschen, halbieren, entkernen und in kleine Würfel schneiden. Die Zucchini waschen, von den Stielansätzen befreien, klein würfeln. Die Zwiebeln schälen und fein hacken. Den Knoblauch schälen und durch eine Knoblauchpresse drücken.

3. Backofen auf 200 °C vorheizen. Die Auberginenwürfel trockentupfen. Alle vorbereiteten Gemüse mit Knoblauch, Olivenöl und Gewürzen in einen Schmortopf geben, alles gut vermengen. Zugedeckt im Ofen auf der mittleren Schiene etwa 30 Minuten garen.

4. Die Tomaten waschen, entkernen und klein würfeln. Die Tomatenwürfel nach 30 Minuten Schmorzeit zu den Gemüsen geben. Weitere 20 Minuten im Ofen garen lassen.

5. Den Zitronensaft und den Koriander zum Gemüse geben. Alles vermengen und erkalten lassen.

TIPP

■ ***Da das Gemüseragout ziemlich lange im Ofen gegart werden muss, lohnt es sich kaum, eine kleinere Menge herzustellen, auch wenn Sie nicht die ganze Menge sofort servieren. Das Gemüseragout ist im Kühlschrank einige Tage haltbar und kann auch gut eingefroren werden.***

Karottensalat

Ensalada de zanahorias

aromatisch

- *Für 4 Personen*
- *Zubereitung: ca. 30 Min. (plus ca. 1 Std. Zeit zum Ziehen)*
- *ca. 200 kcal je Portion*

ZUTATEN

2 Orangen
(1 davon unbehandelt)
500 g Karotten
2 Knoblauchzehen
3 EL Sherryessig
Salz
4 EL Olivenöl
1 EL gehackter Oregano
weißer Pfeffer
1 TL gem. Kreuzkümmel
1/2 TL Paprikapulver
2 EL Pinienkerne

1. Die unbehandelte Orange heiß waschen und abtrocknen, die Schale abreiben. Beide Orangen auspressen. Den Orangensaft mit der Schale in einen Topf geben.

2. Die Karotten schälen und in etwa 5 mm dicke Rädchen schneiden. Orangensaft mit Schale aufkochen, die Karotten zugeben und zugedeckt bei mittlerer Hitze etwa 10 Minuten knackig garen.

3. Den Knoblauch schälen und fein hacken. Essig mit Salz verrühren, dann mit dem Olivenöl, dem Knoblauch und den Gewürzen.

4. Die Karotten abgießen und noch warm mit der Sauce vermengen. Den Salat 1 Stunde ziehen lassen.

5. Die Pinienkerne in einer Pfanne ohne Fett rösten und über den Salat streuen.

auf dem Teller: rechts

Artischockentortilla

Tortilla de alcachofas

fein

- *Für 4 Personen*
- *Zubereitung: ca. 30 Min.*
- *ca. 260 kcal je Portion*

ZUTATEN

ca. 16 kleine junge
Artischocken
1 Zwiebel
1 Knoblauchzehe
2 EL Olivenöl
6 Eier
Salz, schwarzer Pfeffer

1. Die Artischocken waschen, trockenschütteln und von den äußeren Blättern befreien. Den Boden am Stielansatz abschneiden, die Artischocken vierteln. Die Zwiebel und den Knoblauch schälen und fein hacken.

2. Das Olivenöl in einer Pfanne erhitzen, die Zwiebel und den Knoblauch darin kurz andünsten. Die Artischocken dazugeben und zugedeckt bei kleiner Hitze etwa 10 Minuten dünsten.

3. Die Eier mit wenig Salz und Pfeffer verquirlen, über die Artischocken gießen und so lange garen, bis die Masse stockt. Die Masse soll etwa 3 cm dick sein (evtl. in zwei Pfannen braten). Die Tortilla in Würfel schneiden und warm oder kalt servieren.

auf dem Teller: links

25
Solera Pura de

Kartoffeltortilla

Tortilla de patatas

fein

- *Für 4 Personen*
- *Zubereitung: ca. 50 Min.*
- *ca. 500 kcal je Portion*

ZUTATEN

2 Zwiebeln
500 g Kartoffeln
5 EL Olivenöl
200 g Chorizowürste
5 Eier
Salz
schwarzer Pfeffer aus der Mühle

1. Die Zwiebeln schälen und fein hacken. Die Kartoffeln gut waschen, trockentupfen, schälen und in dünne Scheiben schneiden.

2. In einer Pfanne mit hohem Rand 3 Esslöffel Olivenöl erhitzen. Die Kartoffelscheiben und die Zwiebeln darin bei mittlerer Hitze zugedeckt 15 bis 20 Minuten garen, bis die Kartoffeln weich sind, sie sollen golden, aber nicht braun sein. Die Kartoffeln aus der Pfanne heben und auf Küchenpapier abtropfen lassen.

3. Die Würste in Scheibchen schneiden. Die Eier in einer großen Schüssel verquirlen und mit Salz und Pfeffer würzen. Die Wurstwürfel und die etwas abgekühlten Kartoffeln zu den Eiern geben.

4. In der Pfanne 1 Esslöffel Olivenöl erhitzen, die Kartoffel-Eier-Mischung dazugeben. Die Masse soll etwa 4 cm dick sein (evtl. in zwei Pfannen backen). Bei kleiner Hitze in etwa 6 Minuten stocken lassen.

5. Das Omelett mit Hilfe eines Tellers wenden. Das restliche Olivenöl zugießen und die zweite Seite in etwa 6 Minuten fertig braten, die Masse soll innen noch feucht sein. Die Tortilla in kleine Stücke schneiden und servieren.

TIPPS

- ***Die Würste können Sie weglassen oder durch Serrano-Schinken ersetzen.***
- ***Sie können auch Gemüse zusammen mit den Kartoffeln garen.***

Gemüseblechkuchen

Pastel de verdura

speziell

- *Für ein ca. 30 x 40 cm großes Kuchenblech / 24 Stücke*
- *Zubereitung: ca. 1 ¼ Std. (plus ca. 1 ½ Std. Ruhezeit)*
- *ca. 140 kcal je Stück*

ZUTATEN

Für den Teig

20 g Hefe
150 ml lauwarmes Wasser
500 g Mehl
1 Prise Zucker
100 ml Orangensaft
50 ml Olivenöl

Für den Belag

2 rote Paprikaschoten
1 grüne Paprikaschote
2 Knoblauchzehen
2 Zucchini
50 ml Olivenöl
Salz
schwarzer Pfeffer
100 g schwarze Oliven
+ Schafskäse

Außerdem

Mehl für die Arbeitsfläche
1 EL Olivenöl

1. Einen Hefeteig zubereiten (siehe Grundrezept S. 7), dabei mit dem Wasser Orangensaft und Olivenöl und anstelle von Salz den Zucker zufügen.

2. Die Paprikaschoten enthäuten (siehe S. 31), halbieren, entkernen und in Streifen schneiden.

3. Den Knoblauch schälen und in Scheibchen schneiden. Die Zucchini waschen, von den Stielansätzen befreien und in dünne Scheiben schneiden. Backofen auf 220 °C vorheizen.

4. Das Olivenöl in einer Pfanne erhitzen, Paprikaschoten, Knoblauch und Zucchini darin andünsten. Mit Salz und Pfeffer würzen und auskühlen lassen.

5. Den Teig auf einer bemehlten Arbeitsfläche in der Größe des Bleches ausrollen. Das Blech mit Olivenöl ausfetten und mit dem Teig belegen. Das Gemüse auf dem Teig verteilen.

6. Auf der mittleren Schiene etwa 25 Minuten backen. Die Oliven auf dem Gemüse verteilen, den Kuchen nochmals für etwa 5 Minuten in den Ofen schieben. In 24 Stücke schneiden und warm servieren.

TIPP

- ***Wenn Sie Zeit sparen möchten, verwenden Sie einen fertigen Pizzateig.***

Olivenbrot

Pan de aceitunas

kross

- *Ergibt 3 Brote*
- *Zubereitung: ca. 1 ¼ Std. (plus ca. 2 ¼ Std. Gehzeit)*
- *ca. 1130 kcal je Brot*

ZUTATEN

20 g Hefe, 1 EL Zucker
250 g Roggenmehl
150 g Weizenmehl
100 g Maismehl, 1 TL Salz
100 ml Olivenöl
200 g schwarze Oliven
1 EL Rosmarinnadeln

1. Die Hefe mit dem Zucker und 100 ml handwarmem Wasser flüssig rühren. Mehl und Salz in eine Schüssel geben. 200 ml Wasser, Olivenöl und aufgelöste Hefe dazugeben. Etwa 10 Minuten lang zu einem geschmeidigen Teig verkneten. Den Teig zugedeckt an einem warmen Ort auf das doppelte Volumen aufgehen lassen.

2. Oliven und Rosmarin grob hacken und unter den Teig kneten. Den Teig nochmals 30 Minuten gehen lassen.

3. Aus dem Teig 3 gleich große Rollen formen. Mit einem Messer quer alle 5 cm etwa 1 cm tief einschneiden.

4. Backofen auf 200 °C vorheizen. Ein Backblech mit Butter ausfetten. Die Teigrollen darauf legen und nochmals etwa 15 Minuten gehen lassen. Auf der mittleren Schiene etwa 30 Minuten backen.

auf dem Foto: Mitte

Geflügelkroketten

Croquetas de pollo

frittiert

- *Für 4 Personen*
- *Zubereitung: ca. 1 Std.*
- *ca. 430 kcal je Portion*

ZUTATEN

2 EL Olivenöl
150 g Hähnchenbrust
2 EL Butter, 5 EL Mehl
¼ l Milch, Salz
Pfeffer, Muskatnuss
1 Ei
50 g Semmelbrösel
Olivenöl zum Frittieren

1. Das Öl in einer Pfanne erwärmen, das Hähnchenfleisch darin etwa 15 Minuten bei schwacher Hitze ziehen lassen. Dann grob hacken und in einem Mixer fein pürieren.

2. Die Butter in einem Topf zerlassen, 2 Esslöffel Mehl dazugeben und unter Rühren anschwitzen. Die kalte Milch dazugießen, rühren, bis die Sauce glatt ist. Bei kleiner Hitze etwa 5 Minuten offen köcheln lassen.

3. Das Fleischpüree unter die Sauce rühren, mit Salz, Pfeffer und Muskatnuss abschmecken, auf einem Blech ausstreichen und erkalten lassen.

4. Kleine ovale Kroketten formen, im restlichen Mehl, dann im verquirlten Ei und in den Semmelbröseln wenden. In heißem Öl knusprig ausbacken. Eventuell auf Küchenpapier entfetten.

auf dem Foto: links

Spinattortilla

Tortilla de espinacas

vegetarisch

- *Für 4 Personen*
- *Zubereitung: ca. 1 Std.*
- *ca. 420 kcal je Portion*

ZUTATEN

500 g Spinat
2 Knoblauchzehen
4 EL Olivenöl
2 EL Pinienkerne
120 g junger Ziegenkäse, z.B. Ibores
2 EL Rosinen
abgeriebene Schale von 1/2 Zitrone
Salz
schwarzer Pfeffer
geriebene Muskatnuss
6 Eier

1. Den Spinat putzen und waschen und abtropfen lassen. Den Knoblauch schälen und fein hacken. 2 Esslöffel Olivenöl in einem großen Topf erhitzen, den Spinat mit dem Knoblauch darin dünsten, bis das Gemüse zusammengefallen ist. Alles in ein Sieb geben, gut ausdrücken und erkalten lassen.

2. Die Pinienkerne in einer Pfanne ohne Fettzugabe hellbraun rösten. Den Käse in etwa 1 cm große Würfel schneiden.

3. Spinat, Pinienkerne, Käsewürfel und Rosinen vermengen. Die Masse mit Zitronenschale, Salz, Pfeffer und Muskatnuss würzen.

4. Backofen auf 180 °C vorheizen. Die Eier verquirlen und mit Salz und Pfeffer würzen. Das restliche Olivenöl in einer ofenfesten Form erhitzen, die Eier hineingeben und leicht stocken lassen. Die Spinatmischung gleichmäßig darauf verteilen. Das Ganze im Ofen auf der mittleren Schiene etwa 10 Minuten garen.

5. Aus dem Ofen nehmen. Die Tortilla auf einen Teller gleiten lassen, umgekehrt in die Form geben und weitere 5 Minuten im Ofen garen. Erkalten lassen, in Würfel schneiden und servieren.

SPINAT

Anstelle von frischem Spinat können Sie auch tiefgekühlten verwenden. 500 g frischer Spinat entsprechen 300 g TK-Ware. Lassen Sie den Spinat in einem Sieb über einer Schüssel auftauen und drücken Sie ihn kräftig aus. Dann können Sie ihn wie frischen Spinat kurz dünsten.

Spinattortilla

Geröstete Brotwürfel

Migas con beicon

pikant

- *Für 4 Personen*
- *Zubereitung: ca. 30 Min. (plus ca. 2 Std. Zeit zum Ziehenlassen)*
- *ca. 410 kcal je Portion*

ZUTATEN

150 g Weißbrot, ca. 2 Tage alt, ohne Rinde
1 TL Paprikapulver
2 Knoblauchzehen
1 Chilischote
100 g geräucherter Speck
4 EL Olivenöl
Salz

1. Das Brot in Würfel schneiden und auf einer Platte auslegen. Die Brotwürfel mit Wasser besprühen; das Brot soll benetzt, aber nicht nass sein. Das Paprikapulver gleichmäßig über das Brot streuen. Zugedeckt etwa 2 Stunden stehen lassen.

2. Den Knoblauch schälen und fein hacken. Die Chilischote waschen, längs halbieren, entkernen und fein schneiden. Den Speck in kleine Würfel schneiden.

3. Das Olivenöl in einer Pfanne erhitzen, den Speck darin bei mittlerer Hitze braten, bis das Fett ausgetreten ist. Den Knoblauch und die Chilischote dazugeben und kurz andünsten. Dann die Brotwürfel zufügen und unter ständigem Wenden gleichmäßig knusprig braten. Mit Salz bestreuen und warm servieren.

PAPRIKAPULVER

Für die spanische Küche ist scharfer Paprika unentbehrlich. Er wird für fast alle Gerichte verwendet, für Fleisch, Fisch, Meeresfrüchte und Gemüse. Wenn in unseren Rezepten Paprikapulver genannt ist, so ist das scharfe gemeint. Nach Belieben kann man aber auch süßes verwenden oder die beiden Sorten mischen.

Fleischbällchen mit roter Sherrysauce

Albóndigas con salsa al jerez

delikat

- *Für 4 Personen*
- *Zubereitung: ca. 40 Min.*
- *ca. 750 kcal je Portion*

ZUTATEN

Für die Sauce

1 kg reife Tomaten
1 Zwiebel
2 EL Olivenöl
200 ml Sherry
Salz
schwarzer Pfeffer

Für die Fleischbällchen

50 g frische Weißbrotkrumen
6 EL Sherry
4 EL Pinienkerne
1 große Zwiebel
1 Knoblauchzehe
50 g entkernte Oliven
500 g gehacktes Lamm- oder Rindfleisch
Salz
1 Msp. gem. Kreuzkümmel
2 EL Mehl
2 Lorbeerblätter
6 EL Olivenöl

1. Für die Sauce die Tomaten etwa 15 Sekunden überbrühen, über Kreuz einritzen, abschrecken und enthäuten. Von den Stielansätzen befreien, entkernen und würfeln.

2. Die Zwiebel schälen und fein hacken. Das Olivenöl in einem Topf erhitzen, die Zwiebel darin andünsten. Die Tomaten dazugeben und alles unter gelegentlichem Umrühren zugedeckt etwa 20 Minuten köcheln, bis die Sauce eingedickt ist. Den Sherry unterrühren. Die Sauce mit Salz und Pfeffer abschmecken.

3. Für die Fleischbällchen die Brotkrumen mit dem Sherry in einer Schüssel vermischen und etwa 10 Minuten stehen lassen.

4. Die Pinienkerne in einer Pfanne ohne Fettzugabe hellbraun rösten. Die Zwiebel und den Knoblauch schälen und fein hacken. Die Oliven ebenfalls fein hacken.

5. Hackfleisch, Pinienkerne, Zwiebel, Knoblauch und Oliven zum Brot geben. Mit Salz und Kreuzkümmel würzen und zu einer kompakten Masse vermengen. Daraus kleine Kugeln formen und im Mehl wenden.

6. Die Lorbeerblätter mit dem Olivenöl in einer Pfanne erhitzen. Die Fleischbällchen darin rundherum kräftig anbraten und in etwa 6 Minuten fertig braten. Die Sherrysauce separat dazu reichen.

Tunfisch auf Paprika

Pinchitos de atún y pimiento

dekorativ

- *Für 4 Personen*
- *Zubereitung: ca. 40 Min.*
- *ca. 270 kcal je Portion*

ZUTATEN

3 Paprikaschoten
400 g frischer Tunfisch
Salz
weißer Pfeffer aus der Mühle
2 Knoblauchzehen
3 EL Olivenöl

1. Die Paprikaschoten enthäuten (siehe S. 31), halbieren, entkernen und in etwa 3 cm große Quadrate schneiden.

2. Den Tunfisch in mundgerechte Würfel schneiden, salzen und pfeffern. Den Knoblauch schälen, durchpressen und die Fischwürfel damit würzen.

3. Das Olivenöl in einer Pfanne erhitzen, die Fischwürfel darin etwa 3 Minuten braten. Auskühlen lassen.

4. Die Fischwürfel auf die Paprikaschotenstücke legen, mit einem Zahnstocher feststecken und servieren.

auf dem Teller: links

Gefüllte Zucchini

Calabacínes rellenos

ausgefallen

- *Für 4 Personen*
- *Zubereitung: ca. 1 Std.*
- *ca. 240 kcal je Portion*

ZUTATEN

2 kleine Zucchini (je 250 g)
50 g altbackenes Weißbrot
50 g Serrano-Schinken, in dünnen Scheiben
2 Knoblauchzehen
50 g Tetilla-Käse
1 Ei
2 EL gehackte glatte Petersilie
Salz, schwarzer Pfeffer
3 EL Olivenöl
25 g geriebener Manchego

1. Die Zucchini waschen, von den Stielansätzen befreien und längs halbieren. Die Zucchinihälften mit einem Kugelausstecher aushöhlen.

2. Das Brot in warmem Wasser einweichen, ausdrücken und fein hacken. Den Schinken in feine Streifchen schneiden. Den Knoblauch schälen und fein hacken. Den Tetilla-Käse klein würfeln.

3. Backofen auf 200 °C vorheizen. Brot, Schinkenstreifen, Knoblauch, Käsewürfel, Ei und Petersilie gut miteinander vermengen. Die Mischung mit Salz und Pfeffer würzen und in die Zucchinihälften füllen.

4. Eine Gratinform mit 1 Esslöffel Olivenöl ausfetten, die Zucchini hineinsetzen und mit dem geriebenen Käse bestreuen. Das Olivenöl darüber träufeln. Im Ofen auf der mittleren Schiene etwa 35 Minuten gratinieren. Die Zucchini in Stücke schneiden und warm oder kalt servieren.

auf dem Teller: rechts

Span.Kno
HKL 1 Cal.55/65

Sherry-Nierchen-Toasts

Tostadas con riñones al jerez

aus Andalusien

- *Für 4 Personen*
- *Zubereitung: ca. 45 Min.*
- *ca. 380 kcal je Portion*

ZUTATEN

400 g Kalbs- oder Lammnieren
Paprikapulver
1 Zwiebel
1 Knoblauchzehe
1 kleine Chilischote
2 EL Olivenöl
200 ml Sherry
1 Stangenweißbrot
2 EL gehackte glatte Petersilie
Salz
schwarzer Pfeffer

1. Die Nieren der Länge nach halbieren, alle Stränge herausnehmen und ggf. den größten Teil des Fetts wegschneiden. Die Hälften in knapp 1 cm dicke Scheiben schneiden und mit Paprikapulver würzen.

2. Die Zwiebel schälen und grob hacken. Den Knoblauch schälen und in Scheibchen schneiden. Die Chilischote waschen, längs halbieren und entkernen.

3. Das Olivenöl in einer Pfanne erhitzen. Die Zwiebel mit dem Knoblauch und der Chilischote darin einige Minuten andünsten, aus der Pfanne nehmen und beiseite stellen.

4. Die Nierenscheiben portionsweise in die Pfanne geben, kräftig anbraten und bei mittlerer Hitze auf beiden Seiten je etwa 1 Minute braten. Das Fleisch aus der Pfanne nehmen. Den Sherry dazugießen.

5. Die Sauce bei starker Hitze offen bis auf etwa 2 Esslöffel Flüssigkeit einkochen lassen. Das Brot in etwa 1,5 cm dicke Scheiben schneiden und toasten.

6. Zwiebeln, Knoblauch, Nieren und Petersilie in die Pfanne geben. Das Ganze mit Salz und Pfeffer abschmecken, kurz warm werden lassen und auf den Toasts anrichten.

TIPP

- ***Sollten Sie den kräftigen Nierengeschmack nicht mögen, legen Sie die gesäuberten Nieren über Nacht in Milch ein.***

SAL
RVEY
Sherry
Vinegar

Frittierte Reisbällchen

Croquetas de arroz

raffiniert

- *Für 4 Personen*
- *Zubereitung: ca. 40 Min.*
- *ca. 410 kcal je Portion*

ZUTATEN

2 kleine Zwiebeln
2 EL Olivenöl
100 g Rundkornreis
175 ml heiße Hühnerbrühe
4 EL Sherry oder Weißwein
1 Msp. Safran
50 g geriebener Manchego
1 Ei, Salz
Olivenöl zum Frittieren

1. Die Zwiebeln schälen und fein hacken. Zwiebeln im Olivenöl andünsten, Reis dazugeben, unter Rühren glasig dünsten und mit der Brühe ablöschen. Den Sherry und den Safran dazugeben. Aufkochen lassen und zugedeckt bei kleiner Hitze etwa 20 Minuten köcheln, dann erkalten lassen.

2. Das Öl in einer Fritteuse erhitzen. Den Käse und das Ei unter den Reis rühren, mit Salz abschmecken. Mit feuchten Händen walnussgroße Bällchen formen. Die Bällchen etwa 2 Minuten ausbacken und warm servieren.

auf dem Teller: rechts

Tomaten mit Auberginenpüree

Tomates rellenos de berenjenas

dekorativ

- *Für 4 Personen*
- *Zubereitung: ca.1 Std.*
- *ca. 100 kcal je Portion*

ZUTATEN

1 große Aubergine
3 EL Olivenöl
2 Knoblauchzehen
Saft von 1/2 Zitrone
Salz
schwarzer Pfeffer
1 Msp. gem. Kreuzkümmel
20 Kirschtomaten (ca. 250 g)
2 EL gehackte glatte Petersilie

1. Backofen auf 170° vorheizen. Die Aubergine waschen, vom Stielansatz befreien und längs halbieren. Ein Backblech mit 1 Esslöffel Olivenöl ausfetten. Die Auberginenhälften darauf legen und auf der mittleren Schiene etwa 40 Minuten garen.

2. Das Fruchtfleisch aus der Schale schaben. Den Knoblauch schälen und grob hacken. Das Auberginenfleisch portionsweise mit dem Knoblauch, Zitronensaft und dem restlichen Olivenöl in einem Mixer fein pürieren. Das Püree mit Salz, Pfeffer und Kreuzkümmel würzen und kühl stellen.

3. Von jeder Tomate einen kleinen Deckel abschneiden, die Tomaten aushöhlen. Petersilie mit Auberginenpüree vermengen und in die Tomaten füllen. Die Deckel aufsetzen.

auf dem Teller: links

TIPP

- ***Sie können das Auberginenpüree auch auf kleinen getoasteten Weißbrotscheiben servieren.***

MANCHEGO

Empanadillas mit Schafskäse

Empanadillas de queso

fein

- *Für ca. 25 Stück*
- *Zubereitung: ca. 1 Std. (plus ca. 2 Std. Ruhezeit)*
- *ca. 450 kcal je Portion*

ZUTATEN

Für den Strudelteig

175 g Mehl
2 Msp. Salz
2 EL Olivenöl
100 ml Weißwein
abgeriebene Schale von 1/2 Zitrone

Für die Füllung

1 Zwiebel
1 EL Olivenöl
150 g Schafskäse, (z. B. Manchego, Pecorino)
1 großes Ei
2 Knoblauchzehen
2 EL gehackte glatte Petersilie
Salz
schwarzer Pfeffer
1/2 TL Paprikapulver
30 g flüssige Butter
1 Eigelb

Außerdem

Mehl für die Arbeitsfläche
1 EL Butter für das Blech

1. Einen Strudelteig zubereiten (siehe Grundrezept S. 7).

2. Die Zwiebel schälen und fein hacken. Das Olivenöl in einer Pfanne erhitzen, die Zwiebel darin andünsten, auskühlen lassen.

3. Den Käse mit dem Ei in einem Mixer fein pürieren. Den Knoblauch schälen, durchpressen und dazugeben. Zwiebel und Petersilie zugeben, alles zu einer Creme verrühren und mit Salz, Pfeffer und Paprikapulver würzen.

4. Backofen auf 200 °C vorheizen. Den Teig auf einer bemehlten Arbeitsfläche so dünn wie möglich ausrollen. Mit einem Glas Rondellen von etwa 8 cm ø ausstechen.

5. Die Teigrondellen mit flüssiger Butter bepinseln. Etwas Füllung auf jedes Teigstück geben, die Rondellen zusammenklappen, die Ränder gut andrücken.

6. Ein Backblech mit Butter ausfetten. Die Empanadillas darauf legen, mit Eigelb bestreichen und auf der mittleren Schiene etwa 10 Minuten backen. Lauwarm oder kalt servieren.

TIPPS

- ***Wenn Sie Zeit sparen möchten, verwenden Sie einen fertigen Strudel- oder Filloteig.*** ***Sie können diesen in griechischen und türkischen Läden kaufen.***
- ***Nach Belieben können Sie die Empanadillas in Olivenöl frittieren (siehe Rezept „Frittierte Empanadillas", S. 68).***

Empanadillas mit Schafskäse

Tintenfisch mit Sherrysauce

Chipirones al jerez

fein

- *Für 4 Personen*
- *Zubereitung: ca. 45 Min.*
- *ca. 210 kcal je Portion*

ZUTATEN

400 g kleine Tintenfische (Sepien)
4 Knoblauchzehen
4 EL Olivenöl
Salz
weißer Pfeffer
100 ml Sherry
100 ml Wasser

1. Die Tintenfische putzen und in mundgerechte Stücke schneiden. Den Knoblauch schälen und fein hacken.

2. Das Olivenöl in einer Pfanne erhitzen, den Knoblauch kurz darin andünsten. Die Tintenfische dazugeben und anbraten. Mit Salz und Pfeffer würzen und mit dem Sherry und Wasser ablöschen.

3. Die Sepien zugedeckt auf kleinem Feuer etwa 30 Minuten köcheln lassen. Anschließend warm servieren.

SEPIA

Sepien sind etwa 3 bis 5 cm große Tintenfische. Sie werden küchenfertig und tiefgefroren angeboten. Wenn nicht, dann beim Putzen wie bei den Kalmaren (S. 76) vorgehen.

Bohnen mit Wurst

Judias blancas con chorizo

vollmundig

- *Für 4 Personen*
- *Zubereitung: ca. 40 Min.*
- *ca. 500 kcal je Portion*

ZUTATEN

200 g getrocknete weiße Bohnen
2 Knoblauchzehen
4 EL Olivenöl
75 ml Gemüsebrühe
1 EL gehackter Majoran
Salz, schwarzer Pfeffer
250 g Chorizo-Würste
2 EL Mehl

1. Die Bohnen über Nacht in reichlich Wasser einweichen.

2. Am nächsten Tag die Bohnen in etwa 1¼ Stunden sehr weich kochen. In einem Sieb gut abtropfen lassen.

3. Den Knoblauch schälen und durchpressen. 2 Esslöffel Bohnen mit einer Gabel zerdrücken und mit dem Knoblauch vermengen. 2 Esslöffel Olivenöl in einer Pfanne erhitzen, die Bohnenpaste darin andünsten und mit der Brühe ablöschen.

4. Die restlichen Bohnen und den Majoran dazugeben, alles gut vermengen, mit Salz und Pfeffer abschmecken. Aus der Pfanne nehmen und warm stellen.

5. Die Würste in etwa 1,5 cm dicke Rädchen schneiden und im Mehl wenden. Das restliche Olivenöl in der Pfanne erhitzen, die Wursträdchen darin 2–3 Minuten braten. Die Bohnen dazu servieren.

auf dem Teller: unten

Gefüllte Champignons

Champiñones rellenos

dekorativ

- *Für 4 Personen*
- *Zubereitung: ca. 40 Min.*
- *ca. 290 kcal je Portion*

ZUTATEN

12 große Champignons
1 Zwiebel
2 Knoblauchzehen
200 g rohe Chorizowürste
2 EL Olivenöl
Salz, schwarzer Pfeffer
1 EL gehackte Petersilie
¼ l Weißwein

1. Die Champignons putzen und trocken abreiben. Die Pilzstiele abdrehen und fein hacken.

2. Die Zwiebel und den Knoblauch schälen und fein hacken. Die Würste aufschneiden, das Brät herausdrücken.

3. Backofen auf 200 °C vorheizen. Zwiebel und Knoblauch im Öl andünsten. Gehackte Pilzstiele und Wurstbrät dazugeben und fast trocken dünsten. Mit Salz, Pfeffer und Petersilie abschmecken.

4. Die Pilzköpfe mit der Fleischmasse füllen und mit Weißwein beträufeln. Restlichen Wein in eine Gratinform gießen, die gefüllten Pilze hineinsetzen und im Ofen auf der mittleren Schiene etwa 15 Minuten garen.

auf dem Teller: oben

Frittierte Garnelen mit Paprika-Vinaigrette

Gambas fritas con salsa de pimiento

pfiffig

- *Für 4 Personen*
- *Zubereitung: ca. 40 Min. (plus ca. 30 Min. Ruhezeit)*
- *ca. 590 kcal je Portion*

ZUTATEN

Für den Ausbackteig

1 Eigelb
75 g Mehl
75 ml Sherry
50 ml Wasser
Salz
weißer Pfeffer
1 Eiweiß

Für die Vinaigrette

1/2 rote Paprikaschote
1/2 grüne Paprikaschote
1 Frühlingszwiebel
3 Knoblauchzehen
2 EL Sherryessig
Salz
3 EL gehackte glatte Petersilie
Cayennepfeffer
4 EL Olivenöl

Außerdem

12 große Garnelen
Olivenöl zum Frittieren

1. Einen Ausbackteig zubereiten (siehe Grundrezept S. 7), dabei anstelle von Bier Sherry verwenden.

2. Für die Vinaigrette die Paprikaschoten waschen, entkernen und sehr fein würfeln. Die Frühlingszwiebel putzen und waschen, das Weiße fein hacken, das Grün in sehr feine Ringe schneiden. Den Knoblauch schälen und fein hacken.

3. Den Essig mit dem Salz verrühren. Paprikaschoten, Frühlingszwiebel, Knoblauch, Petersilie, Cayennepfeffer und Olivenöl dazugeben und gut vermischen.

4. Die Garnelen von den Köpfen befreien. Die Schwänze so schälen, dass die Schwanzflossen noch am Körper bleiben, auf der Rückenseite leicht einschneiden und den schwarzen Darm entfernen. Waschen und trockentupfen. Das Öl in einer Fritteuse erhitzen.

5. Die Garnelen in den Teig tauchen und im heißen Olivenöl hellbraun ausbacken. Auf Küchenpapier abtropfen lassen und mit der Vinaigrette servieren.

TIPP

- ***Je nach Saison können Sie die Vinaigrette auch mit anderen Gemüsearten zubereiten, aber fehlen darf sie auf keinen Fall!***

Frittierte Empanadillas

Empanadillas de verdura

köstlich

- *Für ca. 14 Stück*
- *Zubereitung: ca. 1 Std. (plus ca. 2 Std. Ruhezeit)*
- *ca. 100 kcal je Portion*

ZUTATEN

Für den Strudelteig

175 g Mehl
2 Msp. Salz
2 EL Olivenöl
100 ml Weißwein
abgeriebene Schale von 1/2 Zitrone

Für die Füllung

1 Frühlingszwiebel
1 Paprikaschote
1 EL Olivenöl
1 Knoblauchzehe
5 entsteinte schwarze Oliven
1 EL Kapern
2 EL gehackte glatte Petersilie
Salz
schwarzer Pfeffer
Cayennepfeffer
1 EL Sherry

Außerdem

Mehl für die Arbeitsfläche
Olivenöl zum Frittieren
1 Eiweiß

1. Einen Strudelteig zubereiten (siehe Grundrezept S. 7).

2. Für die Füllung die Frühlingszwiebel putzen und waschen. Das Weiße fein hacken, das Grün in sehr feine Ringe schneiden. Die Paprikaschote waschen, halbieren, entkernen und sehr klein würfeln.

3. Das Olivenöl in einer Pfanne erhitzen, die Zwiebel und die Paprikaschote darin andünsten, dann auskühlen lassen.

4. Den Knoblauch schälen. Knoblauch und Oliven fein hacken und mit den Kapern und der Petersilie zur Gemüsemischung geben. Mit Salz, Pfeffer, Cayennepfeffer und dem Sherry würzen.

5. Den Teig auf einer bemehlten Arbeitsfläche so dünn wie möglich ausrollen. Mit einem Glas Rondellen von etwa 8 cm ø ausstechen.

6. Das Öl in einer Fritteuse erhitzen. Die Teigrondellen mit Eiweiß bepinseln. Etwas Füllung auf jedes Teigstück geben, die Rondellen zusammenklappen, die Ränder gut andrücken. Die Empanadillas in der Fritteuse goldgelb ausbacken. Lauwarm oder kalt servieren.

TIPP

- ***Nach Belieben können Sie die Empanadillas auch im Ofen backen (siehe Rezept „Empanadillas mit Schafskäse", S. 62)***

Frittierte Empanadillas

Gefüllte Paprikaschoten

Pimientos rellenos

vollmundig

- *Für 4 Personen*
- *Zubereitung: ca. 40 Min.*
- *ca. 260 kcal je Portion*

ZUTATEN

30 g altbackenes Weißbrot
½ Zwiebel
1 Knoblauchzehe
50 g entsteinte grüne Oliven
2 EL Olivenöl
200 g gehacktes Rindfleisch
1 Ei
Salz
schwarzer Pfeffer
2 kleine Paprikaschoten
2 EL geschälte Mandeln

1. Das Brot in warmem Wasser einweichen, ausdrücken und fein hacken.

2. Die Zwiebel und den Knoblauch schälen. Zwiebel, Knoblauch und Oliven fein hacken. 1 Esslöffel Olivenöl in einer Pfanne erhitzen, die Zwiebel und den Knoblauch darin andünsten. Die Oliven dazugeben und kurz mitdünsten. Das Fleisch mit dem Brot zufügen und kräftig anbraten. Die Mischung erkalten lassen.

3. Backofen auf 200 °C vorheizen. Das Ei gut unter die Fleischmischung mengen. Die Masse mit Salz und Pfeffer kräftig würzen.

4. Die Paprikaschoten waschen, halbieren und entkernen. Die Fleischmischung in die Paprikahälften füllen.

5. Eine Gratinform mit dem restlichen Olivenöl ausfetten, die gefüllten Paprikaschoten hineinsetzen und auf der mittleren Schiene etwa 20 Minuten gratinieren.

6. Die Mandeln hacken und in einer Pfanne ohne Fettzugabe rösten, über die gefüllten Paprikaschoten streuen und servieren.

Überbackene Auberginenröllchen

Rollitos de berenjenas gratinados

raffiniert

- *Für 4 Personen*
- *Zubereitung: ca. 1 Std.*
- *ca. 430 kcal je Portion*

ZUTATEN

2 lange Auberginen
5 EL Olivenöl
2 Knoblauchzehen
12 entsteinte schwarze Oliven
100 g Semmelbrösel
4 EL gehackte glatte Petersilie
150 g Manchego oder Roncal
1 Tomate
Salz
schwarzer Pfeffer

1. Die Auberginen waschen, trockentupfen und der Länge nach in etwa 5 mm dicke Scheiben schneiden. Jeweils 2 Esslöffel Olivenöl in einer Pfanne erhitzen, die Auberginenscheiben portionsweise darin braten, bis sie weich sind. Herausnehmen.

2. Den Käse fein reiben. Den Knoblauch schälen und mit den Oliven fein hacken. 2 Esslöffel Olivenöl in der Pfanne erhitzen, die Semmelbrösel darin rösten. Die Semmelbrösel mit dem Knoblauch, der Petersilie und der Hälfte des Käses mischen.

3. Die Tomate waschen, halbieren, vom Stielansatz befreien und klein würfeln. Die Tomatenwürfel mit der Semmelbröselmischung vermengen, mit Salz und Pfeffer würzen.

4. Backofen auf 220 °C vorheizen. Die Auberginenscheiben flach ausbreiten, die Füllung darauf verteilen. Das Gemüse einrollen.

5. Eine Gratinform mit dem restlichen Olivenöl ausfetten. Die Röllchen in die Form legen, mit dem restlichen Käse bestreuen und auf der mittleren Schiene etwa 15 Minuten überbacken. Warm servieren.

AUBERGINEN

Auberginen enthalten viel Wasser, was für das Braten ungünstig ist, und sie können Bitterstoffe enthalten. Schneiden Sie sie daher in Scheiben, bestreuen Sie sie großzügig mit Salz und lassen Sie die Scheiben etwa 15 Minuten stehen.
Dann waschen Sie sie rasch ab und tupfen sie gut mit Küchenpapier trocken.

Maurische Fleischspießchen

Pinchitos moriscos de cerdo

vollmundig

- *Für 4 Personen*
- *Zubereitung: ca. 30 Min. (plus ca. 8 Std. zum Marinieren)*
- *ca. 290 kcal je Portion*

ZUTATEN

400 g Schweinefleisch (Hals oder Schulter)

Für die Marinade

2 Knoblauchzehen
1 TL Salz
1 TL gem. Koriander
1 TL Paprikapulver
1/4 TL getrockneter Thymian
1 Prise gem. Kreuzkümmel
schwarzer Pfeffer aus der Mühle
3 EL Olivenöl
2 EL Zitronensaft

Außerdem

8 Holzspieße, ca. 10 cm lang

1. Das Schweinefleisch in ca. 2 cm große Würfel schneiden. Den Knoblauch schälen, grob hacken, mit Salz bestreuen und mit dem flachen Messer oder im Mörser zu einer Paste verarbeiten. Mit den anderen Zutaten für die Marinade gut verrühren. Die Fleischwürfel gut in der Marinade wenden und über Nacht stehen lassen.

2. Jeweils 3 Fleischstücke dicht an dicht auf einen Spieß stecken, so dass noch etwas Marinade zwischen den Fleischwürfeln bleibt. Die Spieße in einer Pfanne oder auf dem Grill kräftig anbraten und auf allen Seiten noch je etwa 2 Minuten bei mittlerer Hitze braten.

KNOBLAUCH

Die mediterrane Küche ist ohne Knoblauch nicht denkbar. Besonders gehaltvoll sind die festen, saftigen Knollen, die sofort nach der Ernte auf den Markt kommen. In Spanien erhalten Sie frischen Knoblauch fast das ganze Jahr über. Er wird in verschiedenen Zubereitungsarten verwendet: als ganze, manchmal sogar ungeschälte Zehen, die das Aroma sehr mild abgeben; geschält und gehackt mit einem stärkeren Aromaeffekt; durch die Knoblauchpresse gedrückt oder besser im Mörser zerquetscht. Statt eines Mörsers können Sie auch das flach gehaltene Messer zum Zerdrücken nehmen. Am besten streuen Sie etwas Salz über den Knoblauch, das den Saft aufnimmt.
Die entstehende Paste ist wunderbar aromatisch.

Eingelegte Sardinen

Boquerones en vinagre

aus der Levante

- *Für 4 Personen*
- *Zubereitung: ca. 30 Min. (plus ca. 3 Std. Zeit zum Marinieren)*
- *ca. 290 kcal je Portion*

ZUTATEN

500 g frische Sardinen
Salz
4 Knoblauchzehen
4 EL glatte Petersilie
100 ml Weißweinessig
schwarzer Pfeffer
4 EL Olivenöl

1. Die Sardinen entgräten, wie auf S. 18 („Sardinen in Backteig") beschrieben.

2. Die Sardinen etwas flach drücken, in einer tiefen Platte mit der Hautseite nach unten auslegen und mit Salz würzen.

3. Den Knoblauch schälen, fein hacken und mit der gehackten Petersilie über die Sardinen streuen. Die Fische mit dem Essig übergießen, sie sollten vollständig bedeckt sein. Im Kühlschrank über Nacht marinieren.

4. Die Marinade abgießen. Die Sardinen trockentupfen, in die Platte zurückgeben, mit Olivenöl beträufeln und mit Pfeffer und Salz würzen.

auf dem Teller: links

Muscheln in Paprikavinaigrette

Mejillones a la catalana

elegant

- *Für 4 Personen*
- *Zubereitung: ca. 30 Min.*
- *ca. 190 kcal je Portion*

ZUTATEN

1 rote Paprikaschote
1 kg Miesmuscheln
1 Zwiebel
2 Knoblauchzehen
3 EL gehackte, glatte Petersilie
2 EL Olivenöl
125 ml Sherry
4 EL Zitronensaft
Salz, schwarzer Pfeffer

1. Die Paprikaschote waschen, entkernen und sehr klein würfeln. Die Muscheln unter fließendem Wasser gut abschrubben.

2. Zwiebel und Knoblauchzehen fein hacken; mit Petersilie im Olivenöl kurz andünsten. Die Muscheln darin bei starker Hitze zugedeckt etwa 3 Minuten dünsten. Zwischendurch gut schütteln, damit die Muscheln gleichmäßig garen.

3. Die Muscheln gut abtropfen lassen. Noch geschlossene Muscheln wegwerfen, von den anderen die obere Schale entfernen. Die Muscheln auf einer Platte auslegen.

4. Sherry und Zitronensaft aufkochen lassen und bei starker Hitze offen auf etwa 6 Esslöffel einkochen. Den Muschelsud durch einen Kaffeefilter geben, mit Salz und Pfeffer würzen und mit den Paprikawürfeln vermengen. Die Sauce über die Muscheln geben.

auf dem Teller: rechts

da en 205

Gefüllte Tintenfische

Calamares rellenos

außergewöhnlich

- *Für 4 Personen*
- *Zubereitung: ca. 30 Min.*
- *ca. 240 kcal je Portion*

ZUTATEN

Für die Tintenfische

300 g möglichst kleine Tintenfische (Sepien, ohne Kopf und Arme)

Für die Füllung

100 g Kalbfleisch
100 g Sahne
½ Eiweiß
2 EL Petersilie
Salz
weißer Pfeffer aus der Mühle
abgeriebene Schale von ½ Zitrone

Außerdem

3 EL Olivenöl

1. Die Tintenfische putzen (siehe Infokasten).

2. Die Zutaten für die Füllung in einem Mixer glatt pürieren. Die Masse in einen Spritzbeutel mit großer runder Lochtülle geben und nicht allzu satt in die Tintenfische füllen.

3. Das Olivenöl in einer Pfanne erhitzen, die gefüllten Tintenfische darin bei kleiner Hitze langsam etwa 15 Minuten braten, bis sie rundherum goldbraun sind. Noch warm servieren.

TIPP

- *Falls die Tintenfische Fangarme haben, diese abschneiden und etwa 5 Minuten mitbraten.*

KALMARE

Kalmare haben einen schlanken, langen Körper und sind beige-violett. Das Fleisch ist fest und mager. Zäh werden die Tiere nur durch falsche Zubereitung. Kalmare erhalten Sie tiefgefroren, jedoch nicht ausgenommen. Bitten Sie daher ihren Fischhändler auf Bestellung, diese Arbeit vorzunehmen.
Wenn Sie die Kalmare selbst putzen wollen, gehen Sie am besten so vor: Die Arme mit dem Kopf aus dem Körper ziehen und oberhalb der Augen abtrennen, so dass sie noch miteinander verbunden bleiben. Kopf wegwerfen. Dann das Tier mit der einen Hand fassen und mit der anderen den gallertartigen Inhalt aus dem Körper ziehen. Anschließend greifen Sie in den Körper und lösen den lanzenförmigen, durchsichtigen Knorpel. Die violette Haut muss mit den zwei seitlichen Schwanzflossen vom Körper abgezogen werden, was leicht geht.

Gefüllte Tintenfische

Frittierte Fische mit Aioli

Pescado frito con alioli

beliebt

- *Für 4 Personen*
- *Zubereitung: ca. 1 Std.*
- *ca. 850 kcal je Portion*

ZUTATEN

Für die Aioli

1 Eigelb
1 TL Senf
200 ml Öl (nicht kalt gepresst)
2 Knoblauchzehen
1 EL Sherryessig
Salz
weißer Pfeffer aus der Mühle

Für die Fische

150 g kleine Tintenfische (Sepien)
150 g Sardinen
150 g Seezungenfilets
150 g Rotzungen
Salz
weißer Pfeffer aus der Mühle
ca. 4 EL Mehl
100 ml Olivenöl
2 EL gehackte glatte Petersilie

1. Für die Mayonnaise das Eigelb mit dem Senf in einer Schüssel gut verrühren. Unter ständigem Rühren das Öl zunächst tropfenweise zugeben. Wird die Mayonnaise dick, kann das restliche Öl löffelweise unter ständigem Rühren beigefügt werden.

2. Den Knoblauch schälen, durchpressen und zur Mayonnaise geben. Die Sauce mit Essig, Salz und Pfeffer abschmecken.

3. Die Tintenfische putzen. Die Sardinen entgräten (siehe Rezept „Sardinen in Backteig", S. 18). Die küchenfertigen Fische in mundgerechte Stücke schneiden, mit Salz und Pfeffer würzen und mit Mehl bestäuben.

4. Das Olivenöl in einer Pfanne erhitzen, die Fischstücke darin portionsweise 3 Minuten braten, einmal wenden. Mit Petersilie bestreuen und warm mit der Aioli servieren.

Gefüllte Artischockenböden

Alcachofas rellenas

exquisit

- *Für 4 Personen*
- *Zubereitung: ca. 45 Min.*
- *ca. 170 kcal je Portion*
- *Dazu passt Weißbrot*

ZUTATEN

4 große Artischocken
2 Zitronen
Salz
1/2 Zucchini
1/2 Aubergine
1/4 gelbe Paprikaschote
1 Fleischtomate
6 Knoblauchzehen
4 EL Olivenöl
Salz
schwarzer Pfeffer aus der Mühle

1. Die Artischockenstiele abbrechen, damit eventuelle Fasern aus dem Boden mitgerissen werden. Die oberen zwei Drittel der Artischockenblätter abschneiden und wegwerfen. Die noch verbliebenen Blätter rund um den Boden mit einem Messer entfernen. Den Boden sofort mit einer Zitronenhälfte einreiben. Mit einem Kugelausstecher das harte Heu in der Mitte aus dem Inneren sorgfältig herausschaben.

2. Die Artischockenböden sofort in einen Topf geben und knapp mit Wasser bedecken. Den Saft von einer Zitrone dazugeben. Die Artischockenböden in 10 bis 15 Minuten weich kochen.

3. Die Zucchini- und Auberginenhälften waschen und von den Stielansätzen befreien. Die Paprikaschote waschen und entkernen.

4. Die Tomate etwa 15 Sekunden überbrühen, über Kreuz einritzen, abschrecken und enthäuten, vom Stielansatz befreien und entkernen.

5. Alle Gemüse klein würfeln. Den Knoblauch schälen und in dünne Scheiben schneiden.

6. In einem Topf 2 Esslöffel Olivenöl erhitzen, Gemüsewürfel mit dem Knoblauch darin andünsten. Die Mischung mit Salz und Pfeffer würzen und in die Artischockenböden füllen. Mit Zitronensaft und dem restlichen Olivenöl beträufeln und warm oder ausgekühlt servieren.

Meeresfrüchtesalat

Ensalada de mariscos

für Gäste

- *Für 4 Personen*
- *Zubereitung: ca. 30 Min.*
- *ca. 280 kcal je Portion*

ZUTATEN

Für die Meeresfrüchte

750 g Miesmuscheln
300 g frische Tintenfische (Kalmare)
100 g frische Garnelen

Für den Sud

1 Schalotte
1 EL Butter
3 EL gehackte glatte Petersilie
200 ml Fischfond oder Gemüsebrühe

Für die Sauce

1 Knoblauchzehe
Saft von 1/2 Zitrone
4 EL Olivenöl
2 EL gehackte glatte Petersilie
Salz
schwarzer Pfeffer aus der Mühle

1. Die Muscheln 1–2 Stunden wässern, dabei das Wasser ab und zu wechseln. Geöffnete Muscheln, die sich in kaltem Wasser oder durch Klopfen nicht schließen, wegwerfen. Den Bart entfernen und die Muscheln unter fließendem Wasser abschrubben.

2. Die Tintenfische putzen und in Ringe schneiden. Die Garnelenschwänze vom Kopf drehen und vorsichtig aus den Schalen lösen. Auf dem Rücken der Länge nach leicht einschneiden und den schwarzen Darm entfernen. Die Garnelen waschen und trockentupfen.

3. Für den Sud die Schalotte schälen und fein hacken. Die Butter in einem großen Topf zerlassen, die Schalotte mit der Petersilie kurz darin andünsten. Die Muscheln dazugeben. Zugedeckt 3 Minuten bei starker Hitze dünsten, ab und zu den Topf rütteln. Den Fischfond zugießen, die Muscheln gut durcheinander mischen, aufkochen lassen.

4. Die Muscheln aus dem Sud heben, gut abtropfen und auskühlen lassen.

5. Die Tintenfischringe in den Fond geben und zugedeckt etwa 5 Minuten bei schwacher Hitze ziehen lassen. Die Garnelen dazugeben und alles noch einmal 5 Minuten ziehen lassen.

6. Tintenfischringe und Garnelen aus dem Sud nehmen. 100 ml Sud beseite stellen. Das Muschelfleisch aus den Schalen lösen.

7. Für die Sauce die Knoblauchzehe schälen, fein hacken und mit dem Zitronensaft, dem Olivenöl und der Petersilie gut verrühren. 100 ml Muschelsud dazugießen. Die Sauce mit Salz und Pfeffer abschmecken und mit den Meeresfrüchten vermischen.

TIPP

- ***Achten Sie darauf, dass das Meeresgetier wirklich frisch ist, sonst schmeckt der Salat nicht.***

Meeresfrüchtesalat

Zucchini-Schinken-Röllchen

Rollitos de calabacín y jamón

originell

- *Für 4 Personen*
- *Zubereitung: ca. 30 Min.*
- *ca. 230 kcal je Portion*

ZUTATEN

2 Zucchini (je ca. 150 g)
2 EL Sherryessig
4 EL Olivenöl
1 TL gehackter frischer Oregano
Salz
schwarzer Pfeffer aus der Mühle
1 Knoblauchzehe
12 dünne Scheiben Serrano-Schinken
75 g Ibérico-Käse

1. Die Zucchini waschen, trockentupfen und längs in je 6 dünne Streifen schneiden. In kochendem Salzwasser etwa 2 Minuten blanchieren, in ein Sieb geben, kalt abschrecken und erkalten lassen.

2. Sherryessig, Olivenöl, Oregano, Salz und Pfeffer verrühren. Den Knoblauch durchpressen und zur Sauce geben. Die Schinkenscheiben längs halbieren. Den Käse fein reiben.

3. Die Zucchinistreifen flach ausbreiten, trockentupfen, mit der Sauce bestreichen und mit je einem Streifen Serrano-Schinken belegen; den Käse darüber streuen. Das Gemüse einrollen und mit Zahnstochern fixieren.

TIPPS

- ***Die Röllchen können Sie einige Stunden im Voraus zubereiten. Bewahren Sie sie bis zum Servieren zugedeckt im Kühlschrank auf.***
- ***Anstelle von Zucchini können Sie auch gut Auberginen verwenden.***

Lammmedaillons

Medallones de cordero

erlesen

- *Für 4 Personen*
- *Zubereitung: ca. 30 Min.*
- *ca. 290 kcal je Portion*

ZUTATEN

250 g Lammrückenfilet
Salz
schwarzer Pfeffer aus der Mühle
süßes Paprikapulver
2 Tomaten
4 EL Olivenöl
1 Knoblauchzehe
8 kleine Scheiben Weißbrot

1. Das Fleisch in 8 ca. 2 cm dicke Scheiben schneiden, ein wenig flach drücken und mit Salz, Pfeffer und Paprikapulver würzen.

2. Die Tomaten waschen, trockentupfen, von den Stielansätzen befreien und in dünne Scheiben schneiden.

3. In einer Pfanne 2 Esslöffel Olivenöl erhitzen. Den Knoblauch schälen, durchpressen und dazugeben. Die Brotscheiben im Knoblauchöl auf beiden Seiten braun braten und auf einer Platte anrichten.

4. Das restliche Olivenöl in der Pfanne erhitzen, die Lammmedaillons darin kräftig anbraten und auf beiden Seiten je ca. 2 Minuten bei mittlerer Hitze fertig braten.

5. Je eine Tomatenscheibe auf die Brotscheiben legen, die Fleischstücke darauf anrichten.

TIPPS

- *Nach Belieben reichen Sie die Vinaigrette aus dem Rezept „Toasts mit Oliven-Mandel-Vinaigrette", S. 20, dazu.*
- *Anstelle von Lammfleisch können Sie auch in Scheiben geschnittene Chorizo oder gebratene Nierchen (S. 58) verwenden.*
- *Probieren Sie einmal Artischockenböden anstatt Brotscheiben.*

Gebratene Artischocken

Alcachofas fritas

elegant

- *Für 4 Personen*
- *Zubereitung: ca. 30 Min.*
- *ca. 210 kcal je Portion*

ZUTATEN

16 kleine, junge Artischocken
6 EL Olivenöl
Salz
weißer Pfeffer aus der Mühle
Saft von 1/2 Zitrone

1. Die Artischocken waschen, trockentupfen und von den äußeren Blättern befreien. Den Boden am Stielansatz abschneiden, die Artischocken halbieren.

2. Das Olivenöl in einer Pfanne erhitzen. Die Artischockenhälften darin andünsten und bei mittlerer Hitze unter Wenden in 10 bis 15 Minuten fertig dünsten.

3. Die Artischocken mit Salz und Pfeffer würzen und mit dem Zitronensaft beträufeln.

auf dem Teller: links

TIPP

Die Artischocken lassen sich auch sehr gut auf dem Grill, am besten in einer Aluminiumschale, zubereiten.

Lammwürfel

Cordero al limón

zitronig

- *Für 4 Personen*
- *Zubereitung: ca. 1 Std.*
- *ca. 430 kcal je Portion*

ZUTATEN

500 g Lammschulter
2 Zwiebeln
8 Knoblauchzehen
4 EL Olivenöl
3 EL gehackte glatte Petersilie
1 TL Paprikapulver
Saft von 1 1/2 Zitronen
Salz
schwarzer Pfeffer aus der Mühle

1. Das Fleisch in etwa 2 cm große Würfel schneiden. Die Zwiebeln und den Knoblauch schälen und fein hacken.

2. Das Olivenöl in einer Pfanne erhitzen, die Fleischwürfel darin kräftig anbraten. Zwiebeln, Knoblauch und Petersilie dazugeben und andünsten. Mit Paprikapulver bestäuben und zugedeckt bei milder Hitze etwa 30 Minuten garen.

3. Den Zitronensaft dazugießen. Das Fleisch mit Salz und Pfeffer abschmecken und nochmals 10 Minuten zugedeckt ziehen lassen. Die Lammwürfel warm servieren.

auf dem Teller: rechts

SAL

Gratinierte Jakobsmuscheln

Vieiras gratinadas

speziell

- *Für 4 Personen*
- *Zubereitung: ca. 45 Min.*
- *ca. 360 kcal je Portion*
- *Dazu passt Weißbrot*

ZUTATEN

12 Jakobsmuscheln mit Corail (ca. 300 g)
Saft von 1/2 Zitrone
4 EL Weinbrand
1 Zwiebel
5 EL Olivenöl
2 Knoblauchzehen
200 ml Weißwein
Salz
schwarzer Pfeffer aus der Mühle
Paprikapulver
Cayennepfeffer
4 EL gehackte glatte Petersilie
3 EL Semmelbrösel

1. Das rote Corail von den Muscheln abschneiden. Die Muscheln mit Zitronensaft beträufeln und kalt stellen.

2. Die Corails mit dem Weinbrand in einem Mixer oder mit dem Pürierstab eines Handrührgeräts fein pürieren.

3. Die Zwiebel schälen und fein hacken. 1 Esslöffel Olivenöl in einer Pfanne erhitzen, die Zwiebel darin kurz andünsten. Den Knoblauch schälen, durchpressen und dazugeben.

4. Die pürierten Corails zufügen. Den Wein zugießen und die Sauce bei starker Hitze offen auf die Hälfte einkochen lassen, mit Salz, Pfeffer, Paprikapulver und Cayennepfeffer würzen. Backofen auf 200 °C vorheizen.

5. Die Petersilie mit den Semmelbröseln vermischen. Eine Gratinplatte mit 1 Esslöffel Olivenöl fetten. Große Muscheln quer halbieren, kleine ganz auf die Platte legen.

6. Die Petersilienmischung über die Muscheln verteilen. Die Sauce darüber gießen. Alles mit dem restlichen Olivenöl beträufeln und im Ofen auf der mittleren Schiene etwa 10 Minuten goldgelb überbacken. Die Muscheln warm servieren.

TIPPS

- *Jakobsmuscheln – auch Coquilles St-Jacques genannt – können Sie auch tiefgefroren kaufen. Die Muscheln sollten jedoch noch das rote Corail, den Rogen, daran haben, denn es verleiht der Sauce die schöne rosa Farbe.*
- *Besonders originell sieht das Gericht aus, wenn Sie es in Muschelschalen servieren, die auch separat erhältlich sind. Vor dem Backen verteilen Sie Reis oder Salz auf einem Blech und setzen die Muscheln zum Garen hinein, so stehen sie sicher.*

SAL

Briesspießchen mit Piniensauce

Pinchitos de ternera con salsa de piñones

ausgefallen

- *Für 4 Personen*
- *Zubereitung: ca. 40 Min.*
- *ca. 790 kcal je Portion*

ZUTATEN

Für die Spieße

16 Perlzwiebeln oder Schalotten
2 EL Olivenöl
250 g Kalbsbries
150 g durchwachsener, geräucherter Speck in dünnen Scheiben
Salz
schwarzer Pfeffer aus der Mühle
Paprikapulver
evtl. Olivenöl zum Braten

Für die Sauce

50 g Pinienkerne
50 g Mandeln
2 Sardellenfilets
8 EL Olivenöl
6 EL Zitronensaft
Salz
schwarzer Pfeffer aus der Mühle

Außerdem

8 Holzspieße, ca. 20 cm lang

1. Die Perlzwiebeln von den Wurzeln befreien, etwa 2 Minuten in kochendem Wasser blanchieren, abgießen und kalt abspülen. Schälen und trockentupfen.

2. Das Olivenöl in einer Pfanne erhitzen, die Zwiebeln darin zugedeckt etwa 10 Minuten bei schwacher Hitze dünsten.

3. Das Kalbsbries in siedendem Wasser etwa 5 Minuten offen ziehen lassen. Mit kaltem Wasser abschrecken, häuten und sauber putzen. Das Bries in etwa 3 cm große Stücke teilen.

4. Die Speckscheiben aufrollen. Briesröschen, Speckröllchen und Saucenzwiebeln abwechselnd auf Spieße stecken. Mit Salz, Pfeffer und Paprikapulver würzen.

5. Für die Sauce Pinienkerne, Mandeln, gewässerte und trockengetupfte Sardellenfilets, Olivenöl und Zitronensaft in einem Mixer fein pürieren. Die Sauce mit Salz und Pfeffer abschmecken.

6. Die Spieße auf dem Grill oder in der Pfanne in Olivenöl auf allen Seiten je etwa 3 Minuten braten. Warm mit der Sauce servieren.

BRIES

Bries oder Milken ist die Wachstumsdrüse beim Kalb. Im Gegensatz zu anderen Innereien hat es einen niedrigen Cholesteringehalt. Es ist eine besondere Delikatesse, die man normalerweise beim Metzger bestellen muss. Frisch ist es weiß bis blassrosa. Vor der Zubereitung wird Bries immer erst in siedendem Wasser blanchiert, damit die dünne, zähe Haut, die es umgibt, abgezogen werden kann.

Oliventarte

Pastel de aceitunas

speziell

- *Für ein Kuchenblech mit 26–28 cm ø / 24 Stücke*
- *Zubereitung: ca. 1½ Std*
- *ca. 190 kcal je Stück*

ZUTATEN

Für den Teig

200 g Mehl
½ TL Salz
75 g kalte Butter
50 ml Weißwein

Für den Belag

50 g geschälte Mandeln
400 g entsteinte schwarze Oliven
200 g Mozzarella
2 Knoblauchzehen
Saft von ½ Zitrone
100 ml Olivenöl
1 große gelbe Paprikaschote

Außerdem

Mehl für die Arbeitsfläche
1 EL Olivenöl

1. Das Mehl mit dem Salz in eine Schüssel geben. Die Butter in Stücke schneiden und dazugeben. Alles zwischen den Fingern zu einer krümeligen Masse verreiben.

2. Den Weißwein dazugießen. Den Teig schnell verkneten, nur so lange, bis er zusammenhält. In Klarsichtfolie wickeln und etwa 30 Minuten kühl ruhen lassen.

3. Die Mandeln in einer Küchenmaschine oder mit dem Messer grob hacken und in einer Pfanne ohne Fettzugabe hellbraun rösten.

4. 300 g Oliven und den Mozzarella in einer Küchenmaschine oder mit dem Messer sehr fein hacken. Den Knoblauch schälen, durchpressen und dazugeben. Mandeln, Zitronensaft und Olivenöl dazugeben und alles gut vermengen.

5. Den Teig auf einer bemehlten Arbeitsfläche auf die Größe des Kuchenblechs ausrollen. Das Blech mit Olivenöl fetten und mit dem Teig auslegen, dabei einen Rand hochziehen. Die Olivenmasse darauf satt verteilen.

6. Backofen auf 200 °C vorheizen. Die Paprikaschote waschen, halbieren und entkernen. Die Hälften in Wasser in etwa 8 Minuten weich kochen und in möglichst lange, dünne Streifen schneiden.

7. Die Paprikastreifen gitterartig auf der Olivenmasse auslegen. Die restlichen Oliven halbieren und auf dem Gitter verteilen. Die Tarte im Ofen auf der mittleren Schiene etwa 25 Minuten backen. Etwas abkühlen lassen, in Stücke schneiden und lauwarm servieren.

GALLO
HARINA DE TRIGO
1000 g

Rezeptverzeichnis nach Rubriken

Mit Eiern

Mit viel Knoblauch

Aus dem Backofen

Frittiertes

Alphabetisches Rezeptverzeichnis

***kursiv:* Infokasten**

Dank
Ein Kochbuch ist oft ein Werk von vielen. Sehr herzlich danke ich meinen Freundinnen Marianne und Brigitte und meinem Lebenspartner Claus, ganz besonders aber den beiden Piloten Jo und Röbl, die mit uns in ihrem Privatflugzeug – schnell mal eben so übers Wochenende – nach Spanien geflogen sind, um noch einmal möglichst viele Tapas probieren zu können.

Im FALKEN Verlag sind zahlreiche Titel zum Thema „Essen und Trinken" erschienen. Sie erhalten sie überall dort, wo es Bücher gibt.

Sie finden uns im Internet: **www.falken.de**

Dieses Buch wurde auf chlorfrei gebleichtem und säurefreiem Papier gedruckt.

Der Text dieses Buches entspricht den Regeln der neuen deutschen Rechtschreibung.

ISBN 3 8068 2379 0

Umschlaggestaltung: Rincon² Design & Produktion GmbH, Köln
Gestaltung: Horst Bachmann
Redaktion: Marlein Auge
Redaktion dieser Auflage: Elly Lämmlen
Umschlagfoto: Martin Krapohl, Düsseldorf
Rezeptfotos: Martin Krapohl, Düsseldorf
Produktion: Buch-Werkstatt GmbH, Bad Aibling

Satz: Buch-Werkstatt GmbH, Bad Aibling
Druck: Appl, Wembing

817 2635 4453 62